AUGUST DER STARKE
UND SEIN
GROSSMOGUL

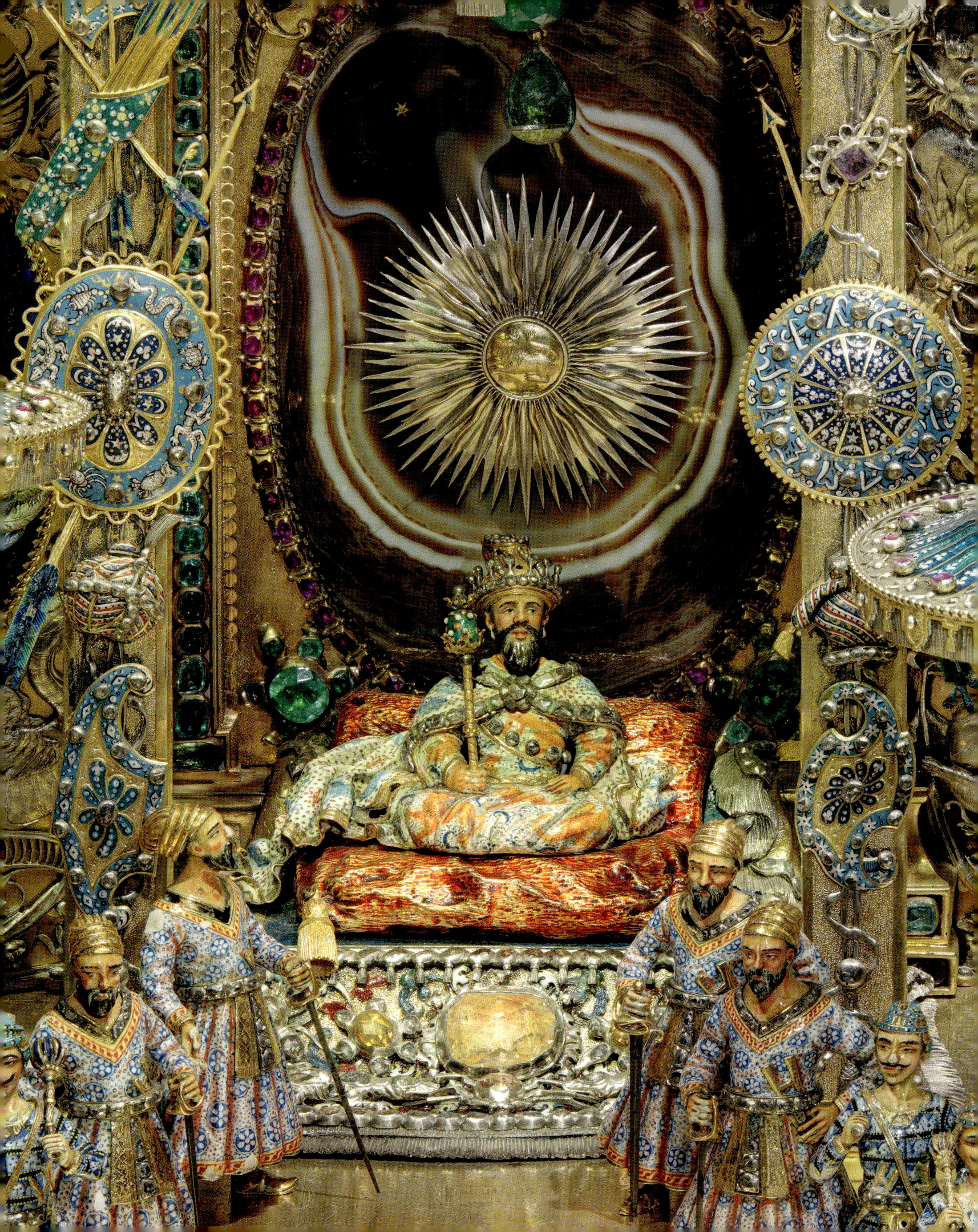

AUGUST DER STARKE
UND SEIN
GROSSMOGUL

Dirk Syndram
Mit Aufnahmen von Jörg Schöner

Gewidmet Joachim Menzhausen
Direktor Grünes Gewölbe von 1960 bis 1992

HIRMER

Am 6. Februar 1709, einem Mittwoch, bestätigte Oberhofmarschall August Ferdinand Graf von Pflugk im Dresdner Residenzschloss, »Daß vorher ermelter Mogol nebst seinem prächtigen Thron, Figuren und Praesenten, vor Sr. Königl. Majt. umb Sechtzig Tausend Thaler behandelt, alsdenn mit allem Zugehör wie in der an Königl. Majt. allerunterthanigst übergebenen Beschreibung specificiret ist zu der Geh. Verwahrung richtig und accurat geliefert worden [...]«.[1] Eines der ungewöhnlichsten, teuersten und »gelehrtesten« Kunstwerke des Spätbarock war damit in den Besitz Augusts des Starken übergegangen.

Zwei Tage zuvor, am 4. Februar, war August der Starke aus Leipzig, wo er die Neujahrsmesse mit seinem Besuch geehrt hatte, nach Dresden zurückgekehrt. Friedrich August I., der seit 1694 als Kurfürst seine sächsischen Erblande regierte und 1697 unter dem Thronnamen August II. zum polnisch-litauischen Herrscher gekrönt worden war, ist heute vor allem als August der Starke bekannt (Abb. 1). Der zumeist vielfach beschäftigte Kurfürst-König hatte im Februar 1709 mehr als genug Zeit, um die drei jährlichen Messen im Haupthandelsplatz Mitteleuropas zu besuchen. Seit dem 31. Dezember 1706, dem Tag, als er vor Karl XII. von Schweden den Frieden von Altranstädt akzeptiert hatte, war August der Starke ein König ohne Land. Er durfte zwar das ererbte Kurfürstentum Sachsen sowie den Titel einer königlichen Majestät behalten, er musste sich allerdings förmlich von seinen Bundesgenossen Dänemark und Russland lossagen und als König von Polen und Großherzog von Litauen abdanken. Bereits Anfang September 1709 hatte das im Nordischen Krieg unbesiegbar scheinende schwedische Heer Sachsen besetzt und ließ sich seitdem diese Eroberung mit Kontributionen teuer bezahlen. Das reiche Kurfürstentum blutete finanziell allmählich aus.

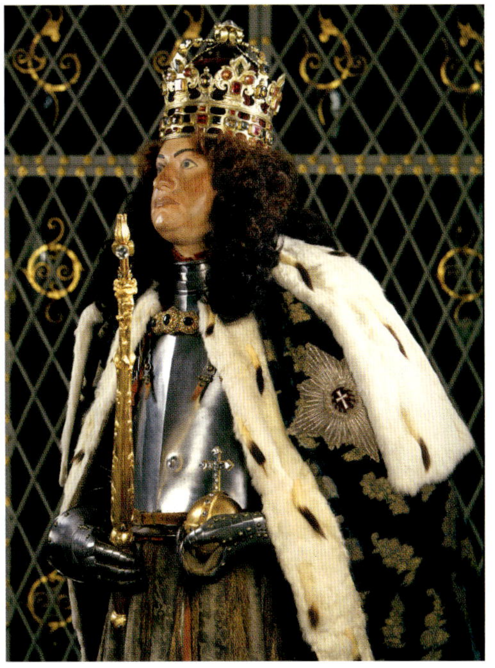

1 Krönungsfigur Augusts des Starken, Aufstellung für die Sonderausstellung der Rüstkammer »Repräsentation in Bildnis und Rüstung« 1991 im Dresdner Residenzschloss

Etwas über zwei Jahre später erwarb dieser gedemütigte, von vielen deutschen Fürsten und europäischen Herrscherhäusern bemitleidete König ohne Land dann eine überaus kostbare Darstellung des damals nach allgemeiner Meinung mächtigsten und vor allem reichsten Herrschers des Erdkreises, des indischen Großmoguls Aureng-Zeb, für seine sich stetig vergrößernde Schatzkammer. Den »Thron des Großmoguls« hatte ihm der kurfürstlich-königliche Hofjuwelier Johann Melchior Dinglinger bereits am 11. Oktober 1707 auf der Leipziger Michaelismesse zum Kauf angeboten. Der Juwelenkünstler versicherte August dem Starken in einem an diesem Tage überreichten Schreiben, dass »dergleichen Arbeit noch niehmaln von einen Künstler ist vorgestellet worden, auch nach der Zeit nicht geschehen wird«.[2] Dinglinger hatte damals sein bis dahin größtes und wohl auch risikoreichstes Werk soweit fertiggestellt, dass er sich in der Lage sah, es nun hoffnungsvoll seinem Herrscher und Förderer zu erläutern. Mit der fast etwas vermessen erscheinenden Einschätzung seines Wunderwerks der Schatzkunst behielt Dinglinger Recht. Sein »sehr prächtiger und kostbarer Thron des indischen Großmoguls an seinem Geburtstag« blieb von der Kostbarkeit des Materials, von der Exotik und Genauigkeit des dargestellten Themas und von der atemberaubenden Exzellenz der handwerklich-künstlerischen Umsetzung ein einmaliges Hauptwerk der Kunst des Spätbarock. Der Besitzer dieses Werkes könnte, wie Dinglinger in seinem damaligen Schreiben formulierte, das einzigartige Erleben einer physischen Teilhabe am Traum von Reichtum und Macht des Fernen Ostens verspüren: »Es ist nicht unbekand, wie die generose(n) Gemühter großer Herrn bald in diesen bald in jenem zuerlustigen sich viele Mühe geben, besonders in denen curiosen Reisen-Beschreibungen frembder und weit entlägner Länder und Nationen; Da den(n) die Augen des Gemühts die beschriebene(n) Raritäten zwar wol etwas besehen können, aber die Augen des Leibes gar weit darvon entfernt seyn und nichts zu sehen bekommen, welches den(n) Euer Königl: May: dahin animiret, den sehr prächtig- und kostbahren Thron, so der indianische Groß Mogul an seinen Geburts-Tag besizet und von seinen Grandibus die gewöhnliche(n) Praesenten desselbigen Tages mit eigenen Händen empfängt, in Figuren vorstellen zu lasen, umb die Augen, so wol das Gemüht zu ergözen und vergnügen zu können.«

Ein Leipziger Messetermin, zu dem die Steuern in die Staatskasse gezahlt werden mussten, war eigentlich für eine so kostspielige Transaktion (Abb. 2), wie es der Verkauf eines Schatzkunstwerks war, durchaus geeignet. Aber 1707, ein Jahr nach der schwedischen Invasion, musste dies auch für Dinglinger aussichtslos erscheinen. König Karl XII. war erst einen

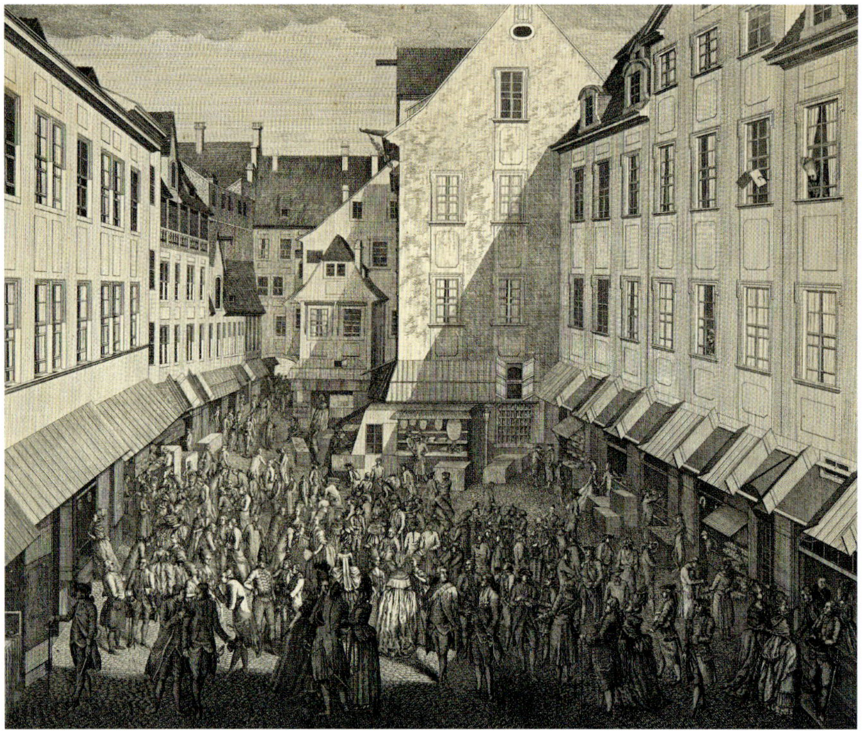

2 Auerbachs Hof zur Zeit der Leipziger Messe, Johann August Rossmäßler, 1778. Kupferstich, 420x472 mm. Kupferstich-Kabinett, Staatliche Kunstsammlungen Dresden, Inv. Nr. A 133554

Monat zuvor mit seinem schwedischen Heer gut gestärkt und gerüstet aus Sachsen in Richtung Russland abgezogen. Er hinterließ ein finanziell angeschlagenes, über sein Geschick deprimiertes Land. Schon deshalb war es für August den Starken aus Staatsraison unmöglich, bereits damals das unglaubliche Werk seines Hofjuweliers zu erwerben. Immerhin verlangte Dinglinger für sein Kunstwerk, an dem er mit seinen beiden Brüdern und mehreren Gesellen sechs Jahre lang gearbeitet hatte, 58.485 Taler. Er spezifizierte diese Summe in einer dem Angebotsschreiben beigelegten Rechnung sehr genau.[3] Von dem geforderten Preis entfielen danach 1037 Taler auf das verarbeitete Silber, 6842 Taler auf das verwendete, besonders reine Dukatengold und 145 Taler auf verarbeitete farbige Edelsteine wie Smaragde, Rubine, Perlen und andere. Ebenso aufgeführt werden 223 3/8 Karat an Diamanten – es sollen über 6000 einzelne Steine sein –, die zusammen mit einer Summe von 7148 Talern in Rechnung gestellt wurden. Hinzu kam für weitere 4000 Taler ein großer rötlicher Solitairdiamant, der bis heute den Sockel des Thrones schmückt, auf dem der mächtige Mogul sitzt. Als Lohnkosten verlangte der Juwelenkünstler darüber hinaus stolze 28.000 Taler – als Vergleich: der Hofbildhauer Balthasar Permoser erhielt jährlich als eine Art Grundgehalt 200 Taler und der höchste Beamte des Hofes, der Oberhofmarschall von Pflugk, als Dank für die Leitung des Hofstaats 4000 Taler.[4] Nicht vergessen hatte Dinglinger auch die Kosten der Zinsen, die ihm für das verarbeitete Material in den vergangenen sechs Jahren entstanden waren: 11.312 Taler bei einem Zinssatz von 4 Prozent. Zwar war der im Oktober 1707 August dem Starken angebotene »Thron des Großmoguls«, wie Dinglinger auf seinem Werk selbst bekundete, noch nicht gänzlich fertiggestellt, er war aber mit der Rechnung, die der Hofjuwelier August dem Starken aufgemacht hatte, das teuerste Einzelkunstwerk des Barock.[5] Verkaufen konnte der Hofjuwelier sein Wunderwerk im Oktober 1707 noch nicht, aber dieses spektakulär und unvergesslich seinem Kurfürst-König zur Erwerbung empfehlen.

Des Großmoguls Thron in der Werkstatt

Nicht allein durch die Geschichte seines Ankaufs bleibt der »Thron des Großmoguls« eng verbunden mit der ersten, für den sächsisch-polnischen Kurfürst-König besonders schmerzlichen Phase des Nordischen Krieges, auch die Umstände seiner Entstehung wurden mittelbar dadurch geprägt. Der Zeitraum, in dem Dinglinger und seine Brüder das große Kabinettstück gefertigt haben, ist recht genau bekannt – die Jahreszahlen dazu sind gut sichtbar auf dem Kunstwerk vermerkt. Auf den Schauseiten der Postamente von zwei kuriosen Götterbildern, die auf den vorderen Ecken des inneren Thronbezirks montiert sind, finden sich dazu eingraviert: »Deô inceptum 1701« sowie »Deô Finitum 1708« – »mit Gottes Hilfe im Jahre 1701 begonnen« und »mit Gottes Hilfe beendet 1708« (Abb. 3). Zudem hinterließen die Künstler im Hohlraum des Thrones einen Zettel, auf dem zu lesen stand »Diesen Thron haben Johann Melchior, Georg Friedrich und Georg Christoph Dinglinger Gebrüder mit Gott angefang(en) anno 1701 und den selben verfertiget durch Gottes Gnade ano 1708 in Dreßden«[6] (Abb. 4).

Das Jahr 1701 ist sowohl für den »Thron des Großmoguls« als auch für das erste Hauptwerk Dinglingers, das »Goldene Kaffeezeug«, von großer Bedeutung. Damals wurde das Letztere vollendet und der »Großmogul« begonnen. Es ist faszinierend sich vorzustellen, wie das zur Auslieferung reifende, fast vollendete »Goldene Kaffeezeug« und die ersten Werkteile der Bühne des »Großmoguls« nebeneinander in Johann Melchiors Werkstatt in der Großen Frauengasse von den Gebrüdern Dinglinger bearbeitet wurden. Dort muss zu dieser Zeit großes Vertrauen in die Wirkungskraft der ersten, wie auch der zweiten Kostbarkeit auf den gewünschten Käufer und vor allem auf seinen Reichtum und seine Zahlungsmoral geherrscht haben, denn die Herstellung jedes der beiden Objekte erforderte gewaltige Geldmittel, die selbst ein reicher Dresdner Bürger kaum besaß und die nur durch hohe Kredite gewährleistet werden konnten. Durch ein Ereignis, dass im Jahr zuvor seinen Anfang nahm, wurden die beiden vielteiligen Objekte der Schatzkunst allerdings für ihre Hersteller zu einem kaum kalkulierbaren Wagnis. Im Februar 1700 war August der Starke als König von Polen-Litauen und in Absprache mit Frederik IV. von Dänemark und Peter I. von Russland in das zum Reich des damals gerade siebzehnjährigen Königs Karl XII. von Schweden gehörende Livland eingerückt und hatte so den Nordischen Krieg ausgelöst. Den Gebrüdern Dinglinger schien auch deshalb die Zukunft ihrer teuren Projekte gesichert, weil Johann Melchior Mitte Dezember 1701 durch August den Starken den Befehl erhielt »bey verlust Dero hohen Gnade« das »Goldene Kaffeezeug« so schnell als möglich nach Warschau zu bringen, um es »vor aller erst« dem Kurfürst-König zu präsentieren (Abb. 5). Es dürfte ein ganzer Bagagewagen gewesen sein, der sich da im anbrechenden Winter mit dem Hofjuwelier von Dresden aus auf den Weg durch das nunmehr auch vom Krieg berührte Polen machte. Neben den großen Etuis mit den 45 Gefäßen und dem zweiteiligen, 76 cm breiten und 50 cm tiefen Aufsatz, musste zudem der von einem Bildhauer gefertigte und vergoldete Präsentationstisch

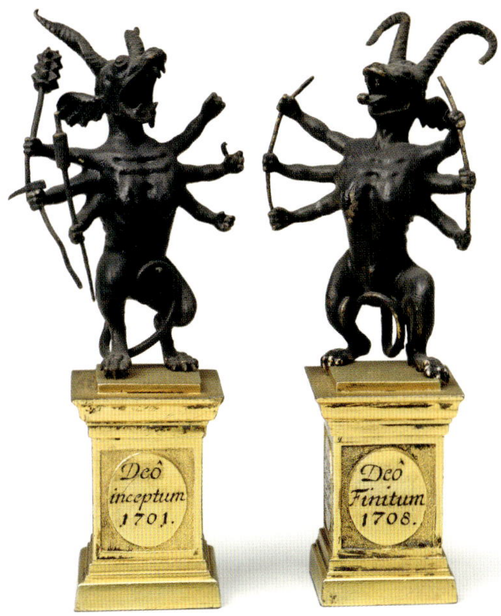

3 Zwei Götterbilder auf Postamenten, datiert 1701 und 1708. Thron des Großmoguls Aureng-Zeb, Grünes Gewölbe, Staatliche Kunstsammlungen Dresden, Inv. Nr. VIII 204

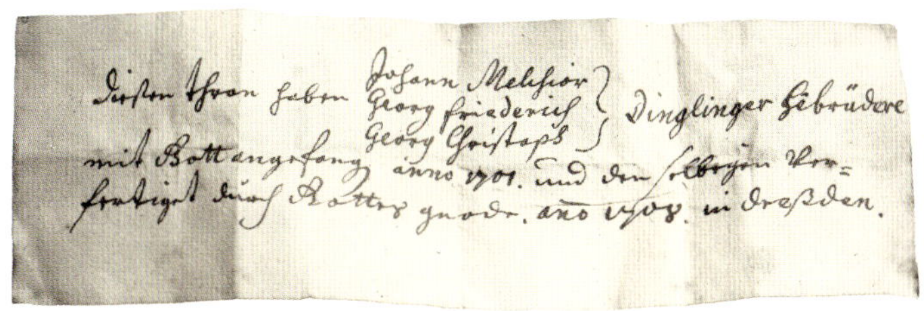
Diesen Thron haben Johann Melchior / Georg Friederich / Georg Christoph } Dinglinger Gebrüdere
mit Gott angefang anno 1701. und den selbigen verfertiget durch Gottes gnade. ano 1708. in Dreßden.

4 Eigenhändige Nachricht über die Verfertiger des Throns (Gebrüder Dinglinger), den Beginn und die Beendigung der Arbeiten, Zettel im Sockel des Thrones vom Großmogul. Dresden 1708, ehemals Grünes Gewölbe, Vorkriegsaufnahme

sowie weitere Juwelen und Pretiosen in die polnische Hauptstadt transportiert werden. Dort trieb nicht allein die reine Vorfreude auf den künftigen Besitz, sondern auch das kluge politische Kalkül den Kurfürst-König dazu, seinem Hofjuwelier den strikten Befehl zu erteilen, das gerade vollendete Werk trotz seiner Fragilität einem solchen Transport auszusetzen. Im zweiten, bereits sehr verlustreichen Jahr des Nordischen Krieges erschien es August dem Starken mehr als sinnvoll, durch die Zurschaustellung königlicher Pracht und sichtbarer Werte, die polnisch-litauischen Gefolgsleute zu beeindrucken. Aus Gründen der königlichen Staatsraison war er gewillt, fast jeden Preis für das damals größte Werk der barocken Schatzkunst zu bezahlen. Die Präsentation, in der der Hofjuwelier Stück für Stück des Kunstobjektes vorstellte und die vielen einzelnen Teile schließlich zu einem nach damaligen Maßstäben ebenso modischen wie innovativen Gesamtkunstwerk zusammenfügte, muss für alle Anwesenden beeindruckend gewesen sein. Das »Coffe-Zeug« Johann Melchior Dinglingers war die erste eigenständige künstlerische Leistung von europäischem Rang, die die Regierungszeit Augusts des Starken hervorgebracht hatte. Den Anwesenden wurde ein Werk präsentiert, das vorzüglich geeignet war, Magnificence und Macht seines Besitzers zu bezeugen und ihm dadurch höchstes Ansehen zu verleihen. Dinglinger bot August dem Starken zugleich ein ebenso glanzvolles wie unterhaltsames Statussymbol an, dessen komplexe Ikonographie sich den vier Elementen widmete. Für die Gattung der Schatzkunst war es das erste vielteilige Juwelenkunstwerk im raumbeherrschenden Format. Für Dinglinger war es das erste komplexe Werk, an dem er seine überragenden gestalterischen und intellektuellen Möglichkeiten beweisen konnte. Wie auch bei dem noch im Anfangsstadium befindlichen »Thron des Großmoguls« war der Hofjuwelier hier Formerfinder, sowohl der gesamten Objektschöpfung wie auch jeden einzelnen Teils. Zugleich bewies er damals erstmals seine besondere Fähigkeit, verschiedene hochqualifizierte Handwerker und Künstler in die Verwirklichung eines komplexen Kunstwerkes einzubinden. Sein Bruder Georg Friedrich schuf mit einer bis dahin unerreichten Virtuosität die für die Gesamtwirkung maßgebliche Emailmalerei und Georg Christoph war in der präzisen und phantasiereichen Goldschmiedearbeit intensiv einbezogen. Daneben waren Elfenbein- und Holzschnitzer, Maler bei der Fassung der Holzarbeiten sowie Glasbläser und Glasschneider am Entstehungsprozess der kunstvollen Arbeit beteiligt.

Die Rechnung, die Johann Melchior nach der Vorstellung seines »Goldenen Kaffeezeugs« seinem Kurfürst-König am 23. Dezember 1701 ausstellen durfte, war für den Hofjuwelier finanziell ein großer Erfolg. Dinglinger beschloss die Rechnung mit der Feststellung: »Nachdem Sr. Königl. Majt. obige Specificirte Stücke alle besehen und allergnädigst beliebten zubehalten, haben höchst gedacht Sr. Königl. Majt. selbige insgesambt auf das genaueste bedungen und behandelt vor: 50000 Thlr. – corrent.«[7] Die Preisbestimmung war also von August dem Starken in subjektiver Einschätzung unter Berücksichtigung des materiellen Wertes und der Wertbestimmung der künstlerischen Arbeit selbst vollzogen worden – und immens hoch.

Als Johann Melchior Dinglinger Anfang des Jahres 1702 nach Dresden zurückkehrte, dürfte er sich in seiner Werkstatt in der Großen Frauengasse mit großem Elan an die nächste Arbeit gemacht haben. Nachrichten über den zeitlichen Ablauf der Arbeiten am »Großmogul« sind allerdings nur spärlich über-

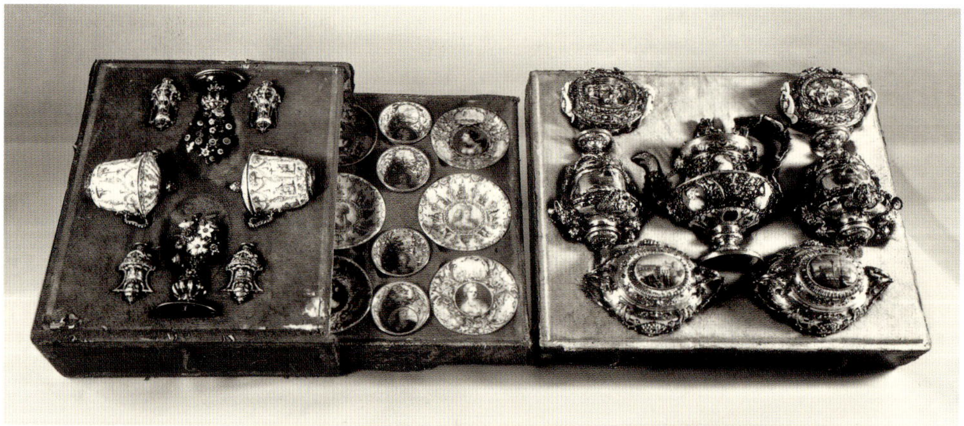

5 Goldenes Kaffeezeug im Etui. Vorkriegsaufnahme, Etui verschollen

liefert. Als Erstes muss von den Gebrüdern Dinglinger die fast ein Quadratmeter große Bühne entworfen und danach angefertigt worden sein, denn der Aufzug mit seinen mehr als einhundert Figuren und Geschenken bezieht sich unmittelbar auf deren Palastarchitektur. Nur an drei Teilen des Gesamtensembles finden sich an verborgenen Stellen Signaturen und Datierungen. So auf dem weißen Reiseelefanten wie auch auf dem grauen Jagdelefanten. Auf ihnen sind jeweils die Jahreszahl 1706 angebracht. Der Jagdelefant trägt zudem eine Inschrift, aus der hervorgeht, dass die Idee zu ihm von Johann Melchior stammt und dass Georg Christoph ihn gefertigt sowie Georg Friedrich ihn bemalt habe. Als dritter Teil wurde im Inneren des Thronsockels des Großmoguls die Beschriftung angebracht: »J. Mel. Dinglinger inven: Dreßden 1707 Geo: Fr: Dinglinger pin:« – Johann Melchior Dinglinger hat ihn erfunden, Dresden 1707, Georg Friedrich Dinglinger hat ihn bemalt.

Doch Dinglinger brauchte immer neues Geld für die Herstellung dieser umfangreichen Kostbarkeit. Die von August dem Starken verfügte Bezahlung des »Goldenen Kaffeezeugs« in fünf Raten zu je 10.000 Talern wurde am 27. April 1702 von seinem sächsischen Statthalter formell der Finanzadministration bekannt gegeben, begann allerdings schon bald zu stocken. Die Katastrophe für den Kurfürst-König und seinen Hofjuwelier ereignete sich am19. Juli 1702. Damals gelang es dem schwedischen Heer unter Karl XII. die zahlenmäßig überlegene polnisch-sächsische Streitmacht in der Schlacht bei Kliszów nördlich von Krakau bravourös zu schlagen. Der junge König bemächtigte sich dabei nicht nur der gesamten sächsisch-polnischen Artillerie, sondern auch der Kriegskasse. Damit war der Nordische Krieg für August den Starken kaum noch zu gewinnen. Je näher er von da an an den Rand des militärischen Abgrunds geriet, desto mehr verstärkten sich seine finanziellen Nöte. Das in die polnische Hauptstadt gelieferte »Goldene Kaffeezeug« selbst war allerdings nicht mehr in Gefahr. Bereits im März 1702 wurde es kurz vor der Besetzung Warschaus durch den Schwedenkönig mit anderen Teilen der königlichen Schätze nach Dresden evakuiert und wartete dort verpackt im Grünen Gewölbe auf die Rückkehr seines Besitzers. Dieser verfügte am 25. Januar 1704 bei einem kurzen Aufenthalt in Sachsen, dass »[...] das schöne Goldne mit Edelgestein versetzte Thee Service, welches H. Dinglinger verfertiget, durch diesen, nebst dem Futteral [...]« in die Kunstkammer zu bringen und dort aufzustellen sei.[8]

Der königliche Eigentümer hatte Dinglingers Meisterwerk der Schatzkunst zu diesem Zeitpunkt mit großen finanziellen Anstrengungen fast zu einem Drittel bezahlt. Die ausstehenden Gelder sollten dann mit einem Zinssatz von 6 Prozent aus der Steuerkasse beglichen werden. Doch auch in dieser für die Herrschaft August des Starken gefährlichen Zeit scheinen den Hofjuwelier Zuversicht und künstlerische Kreativität nicht verlassen zu haben. Als Indiz für eine sich um 1703 wieder verstärkende Tätigkeit in der Werkstatt Dinglingers darf man die siebte Ratenzahlung für das Goldene Kaffeezeug in Höhe von 16.988 Talern deuten, die am 12. Oktober 1703 angewiesen wurde. Bereits im Mai des gleichen Jahres hatte der königliche Mäzen die Kreditwürdigkeit seines Hofjuweliers gesteigert, indem er verfügte, dass ihm in Höhe der noch ausstehenden Summe Versicherungsscheine auf die Staatskasse zu übergeben seien.

Angesichts der gewaltigen Leistung, die die Anfertigung des exotischen Festaufzugs auf der 1,62 qm großen Palastbühne mit seinen 165 beweglichen Teilen darstellte, berichten zeitgenössische Autoren von 15 Mitarbeitern, die zehn Jahre und acht Monate mit der Anfertigung des Geburtstagsaufzuges verbracht hätten und verkünden dessen unerhörten Preis von 85.000 Talern.[9] Es sind dies keine sehr verlässlichen Quellen. Sowohl die Angaben zum Wert wie zur Dauer der Herstellung – es waren ja nur knapp sieben Jahre –, als auch die Zahl der Mitarbeiter scheint dabei zu hoch bemessen, denn aus den Dresdner Goldschmiedeakten geht hervor, dass sich Johann Melchior Dinglinger als Meister an die Innungsregeln hielt. Im betreffenden Zeitraum durfte er nur auf die ihm zukommende Anzahl von zwei Lehrjungen in seiner Werkstatt zurückgreifen. Einem Dresdner Goldschmiedemeister wurden zudem maximal drei Gesellen als Mitarbeiter zugebilligt. Ihm zur Seite standen aber auch seine beiden Brüder, die seit Januar 1704 von August dem Starken als Hofemailleur beziehungsweise Hofgoldarbeiter bestallt waren und sich dadurch dem Zunftzwang entziehen konnten. Es ist durchaus möglich, dass Dinglinger wie seine Kollegen in Augsburg bei großen Arbeiten andere, weniger beschäftigte Meister, etwa seinen Schwager Gottfried Döring, mit Teilaufträgen betraut hat. Sicherlich beschäftigte er zumindest noch einen Tischler für das Grundgestell der Palastarchitektur und einen Maler für die Szenen mit japonisierenden Darstellungen auf der Rückseite der Thronarchitektur. In jedem Fall muss man sich die Goldschmiedewerkstatt des Hofjuweliers in der Großen Frauengasse als einen Ort geschäftigen Treibens vorstellen.

Wie viele Personen auch am »Mogol nebst seinem prächtigen Thron, Figuren und Praesenten« mitgearbeitet haben, Johann Melchior Dinglinger war der Erfinder. Seine besondere Leistung lag auch darin, die handwerkliche, künstlerische und intellektuelle Qualität dieses Kunstwerks zu sichern und zudem die verschiedenartigen, gleichzeitig mit dem »Thron des Großmoguls« in seiner Werkstatt entstehenden Projekte zu koordinieren. Er hatte die Idee zu diesem einzigartigen Thema, entwarf die ebenso inhaltsreichen wie phantasievollen Einzelteile und schuf – wohl mit Hilfe eines heute ungekannten Gelehrten – aus den vorhandenen Bild- und Textquellen die Ikonographie zu den figürlichen und Darstellungen und Ornamenten, die zum Teil eine außergewöhnlich ethnographische Authentizität besitzen. Darauf ist später noch zurückzukommen. Johann Melchior trug zudem die alleinige Verantwortung für die Finanzierung. Als virtuoser Juwelierkünstler, der er war, war er ohne Zweifel aber auch selbst an dem umfangreichen Ensemble beteiligt.

Zeitgleich mit dem »Thron des Großmoguls« entstanden Kostbarkeiten wie das spektakuläre »Bad der Diana«, das 1704 an August den Starken übergeben wurde (Abb. 6). Außerdem entwarf und realisierten Johann Melchior und seine Brüder seit 1704 als neues Medium der Macht für August den Starken die ersten Ordenskleinodien des neu geschaffenen weltlichen Ritterordens vom Weißen Adler.[10] Zudem fertigten sie eine ganze Reihe kostbarer Geschenke und Pretiosen an, die sich nur noch in den Archivalien nachweisen lassen. August der Starke brauchte sie als diplomatische Gaben an andere Fürsten, als Geschenke für seine Gefolgsleute und Plaisir für seine Maitressen. Außerdem bearbeitete Johann Melchior zahlreiche Juwelen des Kurfürst-Königs. Um Aufträge in Empfang zu nehmen oder Werke zu übergeben, traf der Juwelenkünstler zwischen 1700 und 1709 in Sachsen aber auch am Rande der polnischen Schlachtfelder des Nordischen Krieges immer wieder mit August dem Starken zusammen. Sicherlich hat Johann Melchior bei solchen Audienzen auch von den allmählich fortschreitenden Arbeiten am »Großmogul« berichtet. Bei der finanziellen Herausforderung, die das Werk an den Hofjuwelier stellte, wäre dies sehr ratsam gewesen – allein schon um die Kaufbereitschaft Augusts des Starken bei Zeiten zu erforschen und zu fördern.

Während das schwedische Heer das Königreich Polen-Litauen immer weiter unter seine Kontrolle brachte, hielt sich August der Starke vom Ende November 1704 bis Ende Oktober 1705 in seinen sächsischen Erblanden auf. Es ging ihm vor allem darum, neue Waffen und frische Truppen für die Weiterführung des Nordischen Krieges zu organisieren. Für diesen Zeitraum ist aber auch überliefert, auf welche Weise sich der Kurfürst-König mit seiner Lieblings-»recreation«, der Schatzkunst, befasste. Sie diente ihm wohl als geeignetes Medium, um sich vom ungünstigen Kriegsverlauf, seinem Unvermögen als Heerführer, dem daraus resultierenden Machtverlust und den beträchtlichen finanziellen Problemen abzulenken. Den Ort, der ihm diese königliche Entspannung brachte, überlieferte der damals gerade neu als Verwalter der Pretiosen und des Grünen Gewölbes eingesetzte Geheime Kämmerer Friedrich Christian Starcke. Demnach hatte August der Starke bereits kurz vor seiner Ankunft im November 1704 angeordnet, unmittelbar neben seinem privaten Schlaf- und Wohnraum im ersten Geschoss des Dresdner Residenzschlosses ein Pretiosenkabinett einzurichten. Nach seinem Eintreffen ließ er sogleich die 1702 aus Warschau evakuierten Pretiosen, die sich bis dahin noch in ihren Kisten im Depotbereich des Grünen Gewölbes befanden, in das neue »Praetiosen Cabinet« bringen, »alwo Sr. Königl. Majt. selbst in einen express dazu Verferttigten Schranck mit eigener Hoher Handt rangiret undt Gesezt haben, wie auch ebenfalls die Christall de Roche Trinkgeschir«, die aus der Geheimen Verwahrung hochgebracht worden waren.[11] Zeitgleich gelangte das Goldene Kaffeezeug, wie schon berichtet, in der kurfürstlichen Kunstkammer zur Aufstellung. Über den Umgang mit dieser kleinen Schatzkammer berichtet Friedrich Christian Starcke in dem seit dem Zweiten Weltkrieg verschollenen Memorandum: »Die Schlüssel aber zu diesem Praetiosen Cabinet haben S. Königl. Majt. von Dato an jederzeit bey sich behalten, undt zwar haben solche auff dero Schreibe Tisch in der Schlaff Gemach jedes Mahl versiegelt gelegen, da Sie denn bißweilen gantz alleine, auch zum öfftteren mit Damens undt Cavalliers hinein gegangen, ihre Praetiosa besehen, unter weilen verändert auch einige anders faßen laßen.«[12] Das nur gut 30 qm große »Praetiosen Cabinet« war ein durchaus aktiver Sammlungsraum, der sich immer weiter gefüllt haben dürfte, denn auf den Leipziger Neujahrs- und Ostermessen erwarb August der Starke selbst oder ließ in seinem Auftrag immer mehr Objekte erwerben. Die Rechnungen der Zeit nennen pretiöse Elfenbein- und Perlfigürchen, ein Goldenes Überraschungsei und Darstellungen von Hottentotten seines Hofbildhauers Permoser.[13] Für die vom Kämmerer Starcke erwähnten Veränderungen an Objekten des Pretiosenkabinetts wurde natürlich auch Dinglinger mit seiner Werkstatt herangezogen.

Während August der Starke 1704 bis 1705 in Sachsen war, überschlugen sich auf dem polnisch-litauischen Schlachtfeldern die Ereignisse, sodass nach und nach die Gefahr einer schwedischen Okkupation der sächsischen Erblande durchaus möglich erschien. Deshalb begann man nach der Abreise Augusts des Starken nach Polen im Dezember des Jahres 1705, die größten Kostbarkeiten des königlichen Pretiosenkabinetts im Dresdner Schloss zu verpacken.[14] August der Starke hatte sich entschlossen, seine umfangreiche Schatzkunstsammlung an eine Hamburger Bank zu verpfänden. Dies verschaffte ihm einerseits dringend benötigtes Geld, zugleich entzog es diese bei einer Besetzung Dresdens durch den Feind der Gefahr, als Kriegsbeute nach Stockholm verschleppt zu werden. Im Januar 1706 wurden so fast einhundert Kabinettstücke und historische Juwelen die Elbe hinunter nach Hamburg gebracht. Neben der stattlichen Anzahl von 34 Perlfiguren gelangte auch das Goldene Kaffeezeug und das »Bad der Diana«, noch bevor sie vollständig bezahlt worden waren, in den Safe einer Bank der freien Hansestadt. Erst im Oktober 1714 kehrte auch dieser für seine Zeit einzigartige Bestand nach Dresden zurück.[15]

Die Bemühungen des Kurfürst-Königs in Sachsen, neue Kräfte zu bündeln, halfen nichts. Am 14. Februar 1706 wurde das im Jahr zuvor neu aufgestellte sächsische Entsatzheer zusammen mit seinen polnischen und russischen Hilfstruppen in der Schlacht bei Fraustadt von den Schweden vernichtend geschlagen. Als die Nachricht darüber Sachsen erreichte, war man sich der möglichen Folgen für das Kurfürstentum bewusst. Sieben Monate blieben noch, bis Karl XII. am 5. September 1706 die östliche Grenze des Kurfürstentums erreichte und mit der kampflosen Besetzung Sachsens begann. Am gleichen 5. September wurden aus der Geheimen Verwahrung im Grünen Gewölbe neun Kästen mit Schätzen sowie der silberne Thron des Herrschers in die als uneinnehmbar geltende Festung Königsstein transportiert. Am selben Tag begannen die Gebrüder Dinglinger aber auch, sich nach einem sicheren Ausweichquartier für ihre Familien und den noch unfertigen »Thron des Großmoguls« umzusehen. Fast drei Wochen später, am 24. September, verhandelte in Nürnberg der »Innere« oder »Kleine Rat« der Stadt. Zum zweiten Tagungsordnungspunkt hielt der Schreiber fest: »Johann Melchiors und Georg Christofs, der Dinglinger, beeder Gold Arbaiter zu Dresden, Bitten, daß ihnen, samt Weib und Kindern, bey iziger Unruhe in Sachsen, die Beziehung aines Privathauses alhie, geg(en) Abreichung der Schuldigkeit, erlaubet werden möchte, mit Versicherung, daß sie mit der bey sich habenden halb ausgemachten, in Galanterie und Figuren bestehenden Arbeit, Niemand einigen Schaden alhier zufügn wollten [...]«.[16] Die Ratsherren verwiesen das Gesuch der beiden Ausländer an das zuständige Steueramt und die Fremdenpolizei. Die Gebrüder Dinglinger aber blieben in Dresden, denn an jenem 24. September wurde in Altranstädt der Friedensvertrag zwischen dem schwedischen König und den sächsischen Räten unterschrieben. Ihre halbfertige Arbeit in Galanterien und Figuren, der »Thron des Großmoguls«, machte gerade in diesem Jahr einen großen Fortschritt. Die beiden Elefanten sind, wie berichtet, mit der Jahreszahl 1706 datiert und auch andere der besonders aufwendigen beweglichen Teile dürften zu diesem Zeitpunkt entstanden sein. 13 1/2 Monate später übergab Johann Melchior Dinglinger August dem Starken am 11. Oktober auf der Leipziger Michaelismesse das schriftliche Angebot zu seinem »sehr prächtigen und kostbahren Thron, so der indianische Groß Mogul an seinen Geburts-Tag besitzet und von seinen Grandibus die gewöhnliche(n) Praesenten desselbigen Tages mit eigenen Händen empfängt«.[17] Das zentrale Objekt, die Statuette des indischen Großmoguls, war erst im gleichen Jahr 1707 geschaffen worden und nach Dinglingers eigenen Aussagen war das Gesamtwerk zum Messetermin noch nicht vollendet. Aus dem persönlich gehaltenen Schreiben geht aber klar hervor, dass August der Starke seinen Hofjuwelier zwar bei seinem

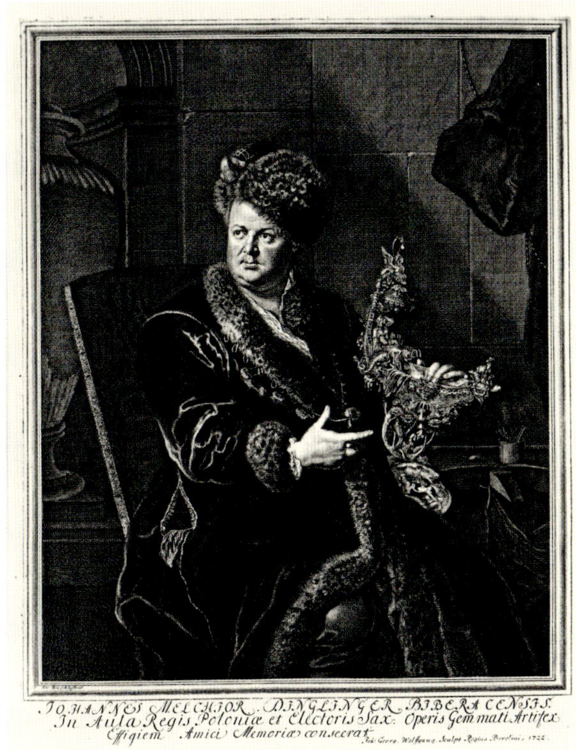

6 Johann Melchior Dinglinger mit dem »Bad der Diana« in der Hand. Johann Georg Wolffgang nach Antoine Pesne, Berlin, 1722. Kupferstichkabinett, Staatliche Kunstsammlungen Dresden, Inv. Nr. A 123413

Werk »encouragiret und angereitzet« habe, die abgedankte Majestät aber das Gesamtwerk der Darstellung des Geburtstagsfestes des mächtigsten Herrschers der Welt noch nicht kannte: »wie ich dan(n) auch durch diese Erfrischung beschriebenes Werck mit Gottes Hülffe verfertiget und Euer königl. May. hier mit in allerunterthänigkeit offerire, aufs demütigste Bittende, denselben eine Stunde zum Ansehen zu widmen und mich mit einer allergnädigsten Resolution zu versehen.« Der ganze psychische Druck, der auf Johann Melchior Dinglinger lastete, seitdem er mit dem »Thron des Großmoguls« begonnen hatte, scheint in seinem Schreiben auf – und auch, dass ohne einen Sammler wie August den Starken, ein solches Wagnis nicht denkbar gewesen wäre: »Wann es nun nicht weltkundig wäre, wie Euer Königl. May., unter anderen preißwürdigsten Tugenden, auch die höchst milde Gnaden Huld gegen alle freyen Künste und sonderlich gegen die emaillir- und Goldarbeiter Kunst tragen, hätte ich vielmahl den Muht in so langer Zeit sinken lassen.«

Der »Mogol« im Grünen Gewölbe

Bis zum beurkundeten Verkauf seines »Throns des Großmogul« hatte sich Johann Melchior Dinglinger noch über ein Jahr in Geduld zu üben. Im Verlauf dieser Zeit beendeten die drei Brüder die Arbeiten an ihrem Meisterwerk. Dann erfolgte im Februar 1709 die Auslieferung von der Großen Frauengasse ins Residenzschloss, das mit ihm das wohl teuerste Kunstwerk seiner Zeit aufnahm. August der Starke entschied sich diesmal gegen die ehrwürdige Kunstkammer, die einst das »Goldene Kaffeezeug« aufgenommen hatte, und für die »Geheime Verwahrung« im Grünen Gewölbe. Aufgestellt wurde der »Mogol« im bis dahin allein dem Kurfürsten zugänglichen »Dritten« oder »Hinteren« Grünen Gewölbe, dem heutigen Pretiosensaal. Das großformatige Virtuosenstück Johann Melchior Dinglingers leitete damit eine Entwicklung ein, die fast anderthalb Jahrzehnte später zum Ausbau des Grünen Gewölbes zum barocken Gesamtkunstwerk führen sollte. Seine Aufstellung in dem bis dahin als privates Schatz- und Sicherheitsdepot genutzten, 180 qm großen Saal des Grünen Gewölbes hatte sehr bald schon Folgen. Am 12. März 1709 ließ August der Starke sein nach der Verpfändung des Jahres 1705 bereits wieder etwas angewachsenes »Praetiosen Cabinet« auflösen. Am Nachmittag dieses Tages wurden »in seinem Beisein die Pretiosen in Körben« verpackt und zusammen mit dem Sammlungsschrank in das Grüne Gewölbe hinuntergebracht. Das bisherige Pretiosenkabinett neben seinem privaten Wohnraum widmete der Kurfürst-König zum Medaillenkabinett um.[18] Wenige Tage später, am 25. März, ließ August der Starke eine Teilrevision des »innersten Gewölbes« durchführen. Er hatte sich entschlossen, den seit Generationen von den Kurfürsten gepflegten Charakter eines nur für den jeweiligen Herrscher sich öffnenden privaten Sammelsuriums von Kostbarkeiten und Geheimakten zu verändern. Zum 16. April 1709 verzeichneten die Akten dann auch, dass »Der kostbahre Trache so onix sein soll undt von H. Dinglingern Auffs Neue Anderst gefaßt worden, in das Grünen Gewölbe gesetzt worden« sei.[19]

Wie die bisher »Geheime Verwahrung« im großen Saal des Grünen Gewölbes im Jahr 1709 aussah, lässt sich heute nicht mehr rekonstruieren. Vielleicht standen damals noch die fünf großen Schränke dort, in denen Christian I. 1587 die kursächsischen Schätze, insgesamt 1144 einzelne Objekte, nach Materialien geordnet aufstellen ließ. Weitere Tische und Aufbewahrungsmöbel werden in den folgenden 120 Jahren dazu gekommen sein, denn der Schatz der Wettiner hatte sich seit dem späten 16. Jahrhundert erheblich vergrößert. Man darf zwar im »Dritten« oder »Hinteren« Grünen Gewölbe nicht von einer inszenierten Präsentation ausgehen, wie sie später das barocke Grüne Gewölbe auszeichnete, aber August der Starke hat sich wohl schon Gedanken gemacht, was er zusammen mit der spektakulären Visualisierung des Reichtums des Fernen Ostens, die der »Mogol« ja darstellte, dort aufstellen könnte. Es waren anscheinend die ersten chinesischen und japanischen Porzellane, womit er seine später gewaltig sich füllende Sammlung begann, die für mehrere Jahre mit dem »Thron des Großmoguls« zusammen zu sehen waren. Das lässt sich aus einem Befehl des Kurfürst-Königs vom 28. November 1709 erschließen, in dem er veranlasste, den an der Fertigung weißen Porzellans arbeitenden Alchimisten Böttger »auff allergn. Mündliche ordre aus der Geh. Verwahrung« zwei ostasiatische Statuetten und sechs farbig verzierte Gefäße als Probestücke für seine Produktion auf die Dresdner Jungfernbastei zu schicken.[20] Die Schatzkunstvision vom Reichtum Indiens und damit des Fernen Ostens mit den porzellanenen Schönheiten Chinas und Japans im »Pretiosen Zimmer« vereint zu wissen, besitzt einen großen Reiz. Dass es sich dabei nicht um einen kurzfristigen Zustand gehandelt hat, belegt ein Lieferschein im Archiv der heutigen Porzellansammlung, demzufolge am 10. Mai 1717 siebzig ostasiatische Porzellangefäße aus dem Grünen Gewölbe zur Einrichtung des Holländischen Palais an Baron LePlat übergeben wurden.[21]

August der Starke hatte im Februar 1709 den Preis für den »Mogol« wiederum selbst festgelegt, auf 60.000 Taler und damit auf den von Johann Melchior 1707 angegebenen Preis, erhöht um die bis 1709 aufgelaufenen Zinsen für das verwendete Material. Der Wert des Kabinettstücks entsprach damit fast genau dem des Rittergutes Pillnitz, das August der Starke 1707 der Gräfin Cosel schenkte. Am 28. März 1709 legte August der Starke dann die Zahlungsmodalitäten fest. Danach sollten aus der Hofkasse in nicht mehr als drei Jahren, beginnend mit der kommenden Ostermesse, die Schulden beglichen werden.[22] Die ersten beiden Raten über insgesamt 10.000 Taler erhielt Dinglinger zwar erst im November 1709, insgesamt aber verlief die Abzahlung des »Throns des Großmoguls« wesentlich reibungsloser als beim »Goldenen Kaffeezeug«. Nach weiteren vierzehn Raten war das Meisterwerk der Schatzkunst am 18. Mai 1713 abbezahlt. Bei keinem anderen der großen Kabinettstücke Dinglingers erfolgte die Zahlung so zügig wie bei diesem. Die verbesserte Zahlungsmoral und -fähigkeit führte 1709 und in den folgenden Jahren aber auch zur Begleichung weiterer Lieferschulden.

Zunächst bestimmte vor allem das große, frei stehende Schatzkunstwerk das Erscheinungsbild des sich wandelnden großen Saales der inneren Geheimen Verwahrung, die nun nicht mehr ganz so geheim war. Umgeben von mehr oder weniger kunstvoll gearbeiteten Depotschränken und mit Werken der Schatzkunst oder chinesischem Porzellan bestückten Tischen präsentierte sich der »Thron des Großmoguls« im großen Saal in der Geheimen Verwahrung im Grünen Gewölbe, als König

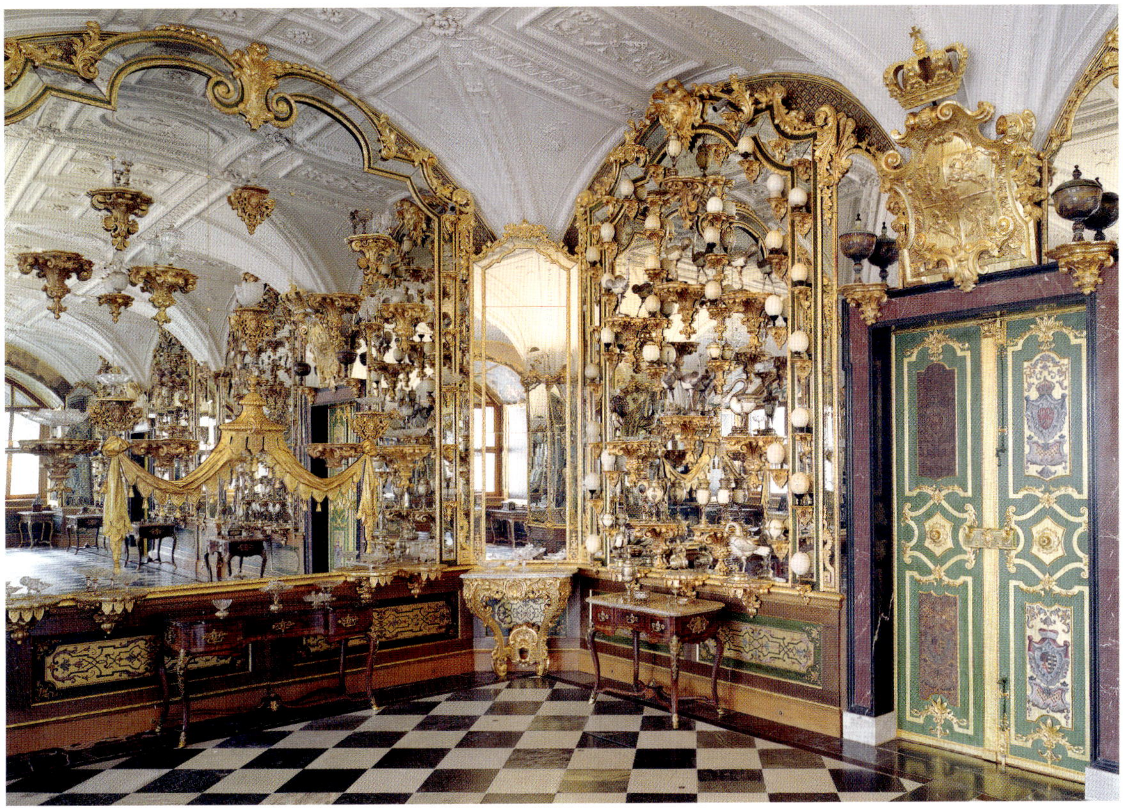

7 Pretiosensaal, Blick auf Ost- und Südwand, heutiger Zustand

Frederik IV. von Dänemark im Frühsommer 1709 August den Starken in Dresden besuchte. Im Grunde besitzt damit der Umstand des Ankaufs des »Mogols« deutliche Beziehungen zur Erwerbung des »Goldenen Kaffeezeugs« acht Jahre zuvor. Auch wenn dies nicht überliefert ist, so ist doch kaum anzunehmen, dass der gestürzte König von Polen-Litauen seinem dänischen Vetter den Besuch beim »Thron des Großmoguls« vorenthalten hat. In beiden Fällen nutzte er in einer politisch brisanten Situation ein ebenso außergewöhnliches wie beeindruckendes Werk der Schatzkunst als Medium seiner fürstlichen Selbstdarstellung und als Symbol seines politischen Anspruchs. Sollte das »Goldene Kaffeezeug« die polnischen Magnaten mit Pracht und Luxus von seiner königlicher Majestät überzeugen, so war die materiell wie gestalterisch noch mehr beeindruckende Darstellung des unerreichbar fernen und mächtigen indischen Großmoguls umso mehr geeignet, einen Betrachter zu faszinieren. Frederik IV. erreichte am 25. Mai mit einiger Verspätung auf seiner Rückreise aus Italien Dresden und blieb dort mehr als einen Monat, unterhalten durch Festlichkeiten, die vom 25. Mai bis zum 25. Juni andauerten und in ganz Europa verkünden sollten, dass machtpolitisch wieder mit August dem Starken zu

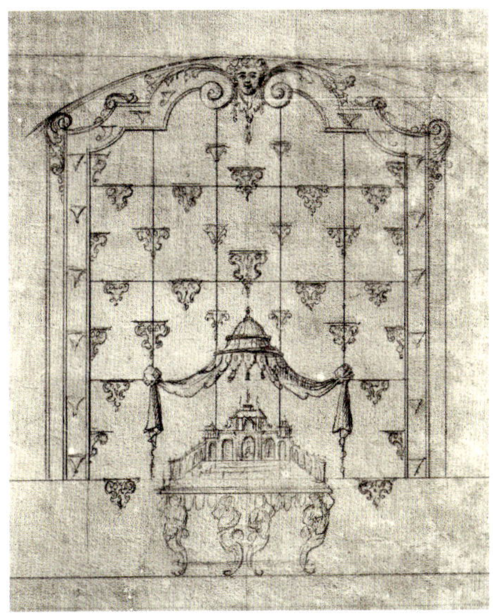

8 Entwurfszeichnung für den südlichen Teil der Ostwand des Pretiosensaales mit der Aufstellung des Throns des Großmoguls. Dresden 1728/1729, ehem. Grünes Gewölbe

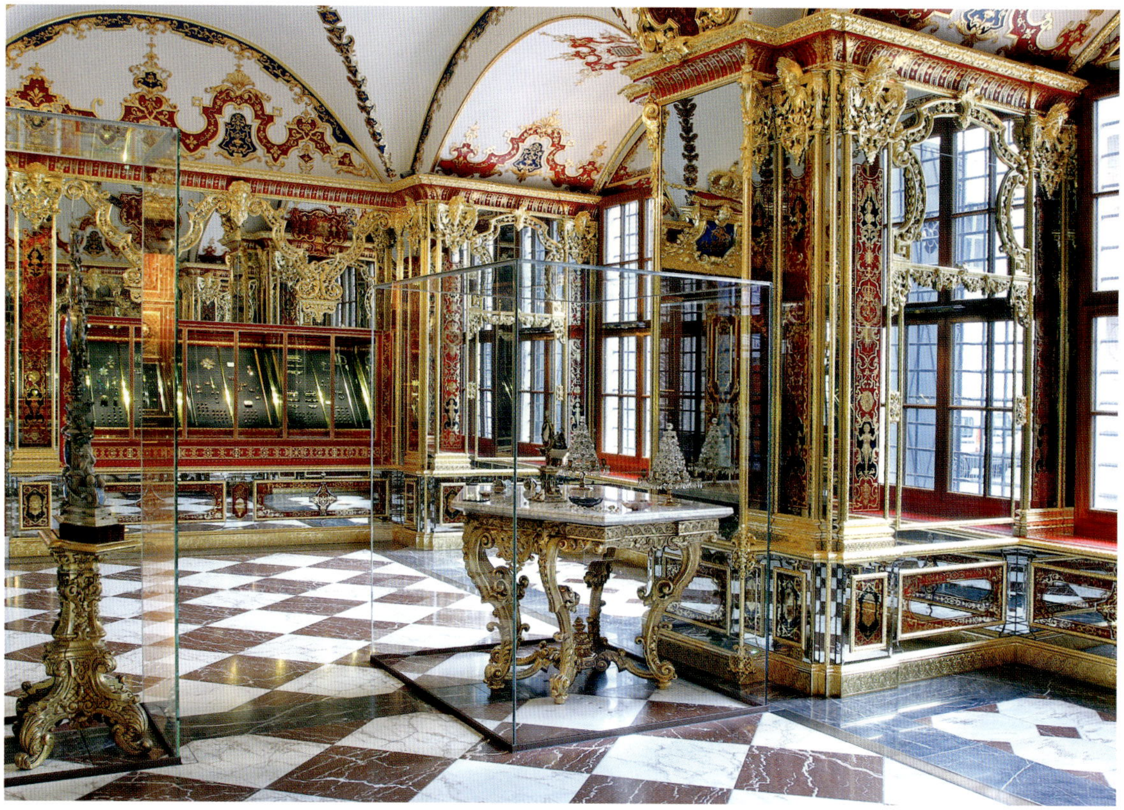

9 Blick in das Juwelenzimmer des Historischen Grünen Gewölbes, heutiger Zustand

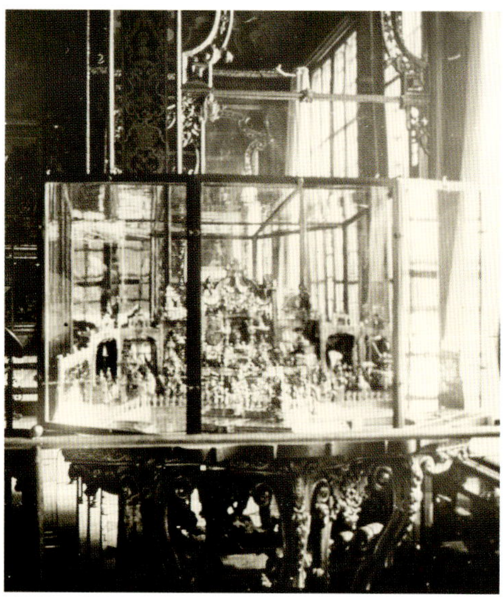

10 Juwelenzimmer mit Blick auf den Thron des Großmoguls, 1903

rechnen war. Der eigentliche Zweck des Besuchs war allerdings das am 28. Juni abgeschlossene neue Bündnis zwischen den beiden von Schweden Jahre zuvor besiegten Alliierten Sachsen und Dänemark, das durch den Frieden von Altranstädt ausdrücklich untersagt war. Das Jahr 1709 wurde für August den Starken zu einem besonders erfolgreichen Jahr. Kurz nachdem der königliche Besuch in Dresden beendet war, vernichtete Anfang Juli im fernen Poltawa die vom Zaren geführte russische Armee unerwartet das schwedische Heer. Der unbesiegbar erscheinende Karl XII. floh mit viel Glück in das Osmanische Reich und aus Peter I. wurde Peter der Große. Sobald August der Starke davon erfuhr, erneuerte er sein Bündnis mit dem Zaren, erklärte den Frieden von Altranstädt für nichtig und begann mit der Rückeroberung des polnischen Thrones. Auf den ersten Triumph folgte ein jahrelanger Bürgerkrieg eines Teils des polnisch-litauischen Adels gegen die absolutistischen Machtansprüche Augusts des Starken, der erst 1715 mit einem von Peter dem Großen herbeigeführten Frieden endete. Derweil stand der »Thron des Großmoguls«, der Gestalt gewordene Traum von Festfreude, Reichtum und Macht des Fernen Ostens in der Geheimen Verwahrung des Grünen Gewölbes.

Erst im Dezember 1719, zwei Monate, nachdem die umfangreichen Feiern der Vermählung des Kurprinzen Friedrich August II. mit der Erzherzogin und Kaisertochter Maria Josepha von Habsburg beendet waren, sollte sich die räumliche Situation des »Mogols« ändern. Damals befahl August der Starke seine anlässlich der Hochzeit erheblich erweiterten und zumeist durch Dinglinger neu gefertigten Juwelengarnituren in einem eigens dafür geschaffenen großen Schrank an der Ostwand des späteren Pretiosensaals aufzustellen. Damit begann vollends die Umwandlung des kurfürstlichen Tresorbereichs in eine öffentlich zugängliche Sammlung.

Zwischen Juni 1723 und August 1724 ließ der Kurfürst-König dann drei der vier Räume des Grünen Gewölbes, das Silbervergoldete Zimmer, den Pretiosensaal und das Eck-Kabinett, nach eigenen Vorstellungen durch das Oberlandbauamt unter Leitung von Matthäus Daniel Pöppelmann zu einem festlichen Raumgefüge mit verspiegelten Wänden, Konsolen und Tischen ausbauen. Das bereits bestehende Sammlungsgut der königlichen Schatzkunstsammlung wurde zu dieser Zeit um zuvor an anderer Stelle aufbewahrtes figürliches Silber, Elfenbeindrechseleien und -schnitzereien sowie weitere prunkvolle Objekte erweitert. Nun gab es endlich ein glanzvolles Umfeld für Dinglingers Meisterwerk der Schatzkunst.

Dies sollte sich wenige Jahre später noch deutlich verbessern. Nachdem August der Starke von einer lebensbedrohenden Erkrankung genesen war, gab er den Auftrag, die Bereiche der Schatzkammer auf die gesamte Fläche des Erdgeschosses auszudehnen. Es entstand zwischen April 1727 und September 1729 eine durchdachte und sorgfältig gestaltete Folge von acht aufeinander bezogenen Räumen, in denen den Besucher eine theatralisch angelegte, sich ästhetisch steigernde Aufstellung nach Materialgruppen erwartete. Bereits zu ihrer Entstehungszeit überraschte diese im Europa des 18. Jahrhunderts einzigartige Präsentation durch die Fülle und Qualität des Ausstellungsgutes wie auch durch die suggestive Schönheit der Innenarchitekturen. Für den Besucher war der geführte Gang vom Bronzenzimmer durch das gleichfalls kabinettartige Elfenbeinzimmer und die zunehmend verspiegelten Räume des Weißsilberzimmers und des Silbervergoldeten Zimmers ein Anstieg in der Ausstattungspracht und im materiellen Wert der zur Schau gestellten Gegenstände. Mit dem Pretiosensaal, auf dessen Konsolen eine kaum erfassbare Menge von Gefäßen aus farbigen Edelsteinen und Bergkristall, aber auch in vergoldetem Silber gefasste Nautilusschalen und Straußeneier vereint war, wurde ein erster Höhepunkt erreicht. Das kleine Eck-Kabinett, in dem sich die vielen hundert Perl- und Elfenbeinfiguren sowie kostbaren Galanterien aus der ehemals privaten Pretiosensammlung Augusts des Starken befanden, ergänzte die bewusst atemberaubende Wirkung. Zunächst war vorgesehen, den 1722 in das Grüne Gewölbe gelangten »Obeliscus Augustalis« in die Mitte der östlichen Schmalwand des Pretiosensaales zu stellen und das »Goldene Kaffeezeug« und den »Thron des Großmoguls« links und rechts von diesem unter den heute noch vorhandenen, geschnitzten Bekrönungen zu präsentieren (Abb. 7). Zur Aufstellung des Letzteren hat sich eine Zeichnung erhalten (Abb. 8). Im Laufe des Planungsprozesses entschloss sich August der Starke, alle drei großformatigen Schatzkunstwerke weit wirkungsvoller und im besseren Licht im Juwelenzimmer aufzustellen. Dorthin gelangte der Besucher, nachdem er vom Pretiosensaal kommend das damals in Dämmerlicht gehüllte Wappenzimmer durchschritten hatte. Im Juwelenzimmer tauchte er ein in eine architektonische Schmuckkassette, die allein schon durch ihre verspiegelte und hinter Glas bemalte, mit Gold gravierte Raumverkleidung in Europa ihres Gleichen suchte (Abb. 9). Die dort in vier Vitrinen ausgestellten Juwelen waren im frühen 18. Jahrhundert in Fülle und Vielseitigkeit einzigartig. Sie blieben es bis heute. Der materielle Reichtum und die Schönheit der verwendeten Edelsteine wurden durch die im Juwelenzimmer aufgestellten Kabinettstücke Johann Melchior Dinglingers noch gesteigert. Der Thron des indischen Großmoguls, des Herrschers, der wie kein anderer seiner Zeit frei über das damals einzig bekannte Diamantvorkommen und über zahlreiche andere Edelsteine verfügte, stand damit inmitten des größten Juwelenschatzes des Spätbarock (Abb. 10).

Spätestens seit 1729 waren die Sammlungsräume des Grünen Gewölbes – nach Maßgabe der damaligen Gesellschaftsstruktur – öffentlich zugänglich. Im Dezember 1732 erließ August der Starke schließlich eine Instruktion, in der er bestimmte, auf welche Weise der Besuch seines Schatzkammermuseums jedem, der es wollte, möglich war. Einer der ersten Besucher war wohl der Reiseschriftsteller Johann Georg Keyssler, der in Briefform, datiert mit dem 30. Oktober 1730, seine Reiseeindrücke niederschrieb und diese 1741 erstmals veröffentlichte. Seine Betrachtungen zur sächsischen Residenzstadt beginnen mit dem bis heute vielfach wiederholten Rat an seine Leser: »In Dresden hat man vor allen Dingen dahin zu trachten, daß man das sogenante grüne Gewölbe oder die Schatz=Cammer zu sehen bekomme.« Bei der ausführlichen Beschreibung seiner Eindrücke aus der königlichen Schatzkammer Augusts des Starken nimmt der »Thron des Großmoguls«, den er korrekt im Juwelenzimmer verortete, einen wichtigen Raum ein.[23] Nach »Obeliscus Augustalis« und »Goldenem Kaffeezeug« verzeichnet er: »Drittens folgt auf einer Tafel von einer Elle in der Breite und fünf viertel Ellen in der Länge die Art und Weise, wie des grossen Mogols Geburts=Tag gefeyert wird. Er selbst sitzt auf seinem Throne, und vor ihm beugen sich die grossen seines Reiches, welche ihre Geschencke bringen; in den Vorhofe zeigen sich seine Leib=Wachen, Elephanten und was nur zum Pracht eines morgenländischen Hofes gehöret. Alles ist von Silber, Gold, email und mit Edelgesteinen reich besetzet. Obgedachter Dinglinger hat mit funfzehen Personen zehen Jahre und acht Monate über dieser Arbeit zugebracht, und vor das Werck 85000. Thaler bekommen.«[24] Schon leicht verklärt von den Erläuterungen seines Führers scheint der europäische Traum vom Fernen Osten bei Keyssler im Juwelenzimmer des Grünen Gewölbes machtvoll auf.

Ein europäischer Traum von Reichtum und Exotik

Wie stolz der Hofjuwelier auf seine Nachschöpfung der fernöstlichen Palastarchitektur war, wird in einer 1730 in den in Dresden erschienenen Curiosa Saxonica veröffentlichten Beschreibung des »Throns des grossen Moguls, darauff er sich an seinem Geburths=Tage mit grosser Pracht und Herrlichkeit, bey Uberreichung der Geschencke, vor seinem Reichs=Fürsten praesentiret« deutlich. Allein schon die Veröffentlichung einer Beschreibung eines Werkes der Schatzkunst ist ein deutlicher Hinweis darauf, dass mit der Aufstellung im neugestalteten und allgemein geöffneten Grünen Gewölbe aus dem einstigen persönlichen Besitz des Kurfürst-Königs ein Objekt des öffentlichen Interesses geworden war. Der Verfasser des Artikels, der offensichtlich das Kabinettstück nicht selbst gesehen hatte und nur das aufschrieb, was wohl kein anderer als Johann Melchior Dinglinger ihm dazu berichtete, befasst sich fast ausschließlich mit der architektonischen Struktur dieses Meisterwerkes und streift zuletzt nur kurz die spektakulären Gäste des Geburtstagsaufzugs mit ihren Geschenken.

Der Hofjuwelier war zu Recht stolz auf das spannungsreiche Gehäuse seiner außergewöhnlichen Miniaturarchitektur, die zwar auf dem europäischen Formgefühl seiner Zeit fußte, zugleich aber der beispielsweise im Topkai-Museum in Istanbul erhaltenen Grundform eines indischen Thronsessels der Mogulzeit erstaunlich ähnelt. Die architektonische Rekonstruktionsleistung Dinglingers kann nicht hoch genug eingestuft werden. Diese wohl gegen 1701 oder kurz danach entstandene Raumbühne gehört – trotz ihrer kleinen Dimension von 142 cm Breite und 114 cm Tiefe – zu den ersten architektonischen Leistungen des »augusteischen« Barock, nimmt die seit 1709/10 im Zwinger Pöppelmanns realisierte Festarchitektur in Teilen vorweg und wurde zugleich zu einem bildkräftigen Modell der sich nach 1700 in Sachsen ausbreitenden Chinamode.

Der Palastbereich besteht aus drei ansteigenden Zonen, die wiederum in einzelne Terrassen unterteilt sind. Diese werden durch ein- und ausschwingende Treppenläufe sowie durch für den Transport der Geschenke bestimmte schiefe Ebenen miteinander verbunden. Grob beschrieben öffnet sich die Bühne zum Beschauer hin in Form eines geschweiften Dreiecks, an das sich ein nach hinten verengendes Trapez anschließt. An den Flanken und der Rückseite sind die Wandflächen der Bühne verspiegelt. Das führt dazu, dass sich die Dimensionen der Palastarchitektur für den Betrachter optisch vergrößern. Neben den verspiegelten Scheinarkaden tragen auch die beiden vertieften Raumfluchten an den Ecken der Rückfront, in die Stufen hinunterführen, zur Illusion eines realen Baukörpers bei. Die drei Hauptterrassen trennen, wie damals in der barocken Herrschaftsarchitektur üblich, jeweils Balustraden von einander ab, wobei eine in dem nach einer Zeichnung von Anna Maria Werner 1739 geschaffenen Kupferstich von Christian Philipp Lindemann (Abb. 11) belegte vorderste Balustrade zum Beschauer heute nicht mehr vorhanden ist. Der zeremoniell zum Mittelpunkt, zum Thron des Großmoguls, sich steigernde Bauschmuck wird auch dadurch deutlich erkennbar, dass die obere Terrasse samt der hinaufführenden Treppen und Ebenen wie auch die sie hinterfangenden Wandbereiche mit den Wandspiegeln aus Gold gefertigt wurden.

Der Dekorationsaufwand an den Seitenflächen steigert sich gleichfalls vom unteren Bereich hin zur Thronwand. Die gliedernden Architekturteile umziehen fein gearbeitete Ornamente, die in ihrer Schönheit und Reichhaltigkeit nur bei ganz genauer Betrachtung erfasst werden können. Auch die Bodenflächen sind mit Ornamenten geschmückt: Sternmotive, Kreise und Schraffuren. Sie stehen in einer spannungsreichen Beziehung zur umgebenden Architektur und dienen gleichzeitig zur räumlichen Verortung der wesentlichen Festteilnehmer und der Hauptgeschenke.

Im Zentrum der symmetrischen Anlage erhebt sich majestätisch über sieben Stufen der eigentliche Thronsitz des indischen Alleinherrschers, unter dem Johann Melchior Dinglinger nicht allein den mit einem roten Kissen belegten Sitz verstand, sondern auch die sich dahinter erhebende Rückwand aus Gold. Gerade bei der Gestaltung dieses Bereichs ist der Hofjuwelier mit einer unglaublichen künstlerischen und handwerklichen Präzision vorgegangen. Hinter dem Mogul erscheint, befestigt auf einer aus Onyx gefertigten Tafel und im dichten Kranz der silbernen und goldenen Strahlen der Sonne, ein Löwe als Sinnbild des Großmoguls Aurangzeb. Die Onyxplatte fasst ein dichter Kranz aus Rubinen ein, während die gesamte Rückwand des Thronsitzes von Smaragden gerahmt wird. Zwei vortretende, mit Waffen behangene Pfeiler beiderseits des Thrones dienen als Stütze des Thronbaldachins, der aus vier sich überlappenden Draperien besteht und dynamisch von schwarzen Drachen gehalten wird. Diese von Dinglinger sorgfältig durchdachte

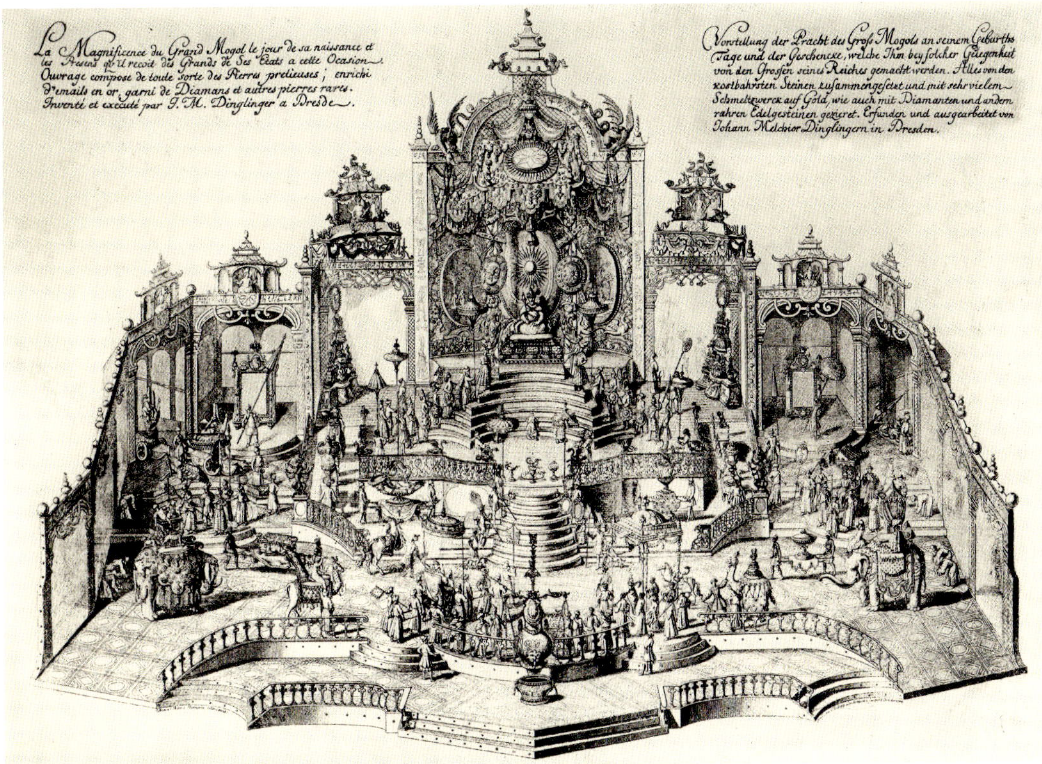

11 Der Thron des Großmoguls. Kupferstich von Christian Philipp Lindemann nach einer Zeichnung von Anna Maria Werner, ehemals Grünes Gewölbe

Konstruktion des Thronbereiches wird durch einen großen, facettierten Bergkristall beleuchtet, den ein silberner Strahlenkranz umfängt und der direkt das Licht durch den Baldachin auf den Herrscher leitet.

Die dem gesamten Meisterwerk innewohnende Intimität verdeutlicht ein verborgenes Detail: die Darstellung eines sich direkt über dem Thronsitz erhebenden, prachtvoll gearbeiteten, das Rad schlagenden Pfaus mit smaragdbesetzten Federn. Dieser kann nur dann bewundert werden, wenn man sich selbst unmittelbar physisch dem Thronsitz zu nähern vermag, was nur dann möglich ist, wenn zuvor der Thronbereich von den Geburtstagsgästen und ihren Geschenken geleert worden ist. Dies aber war nur dem Kurfürst-König selbst bei einer intensiven Betrachtung der Kostbarkeit möglich. Sichtbar sind sonst nur die zu Füßen dieses Paradiesvogels herunterhängenden Smaragde sowie die unteren Federspitzen. Von ähnlicher Virtuosität wie das verborgene Symbol des Pfauenthrones sind die aus Silber geschnittenen, phantasievollen Auflagen, die die einschwingenden Wände rechts und links des Thronsitzes bedecken. In der Mitte der Wandfelder wurden hochovale Lapislazulischeiben eingefügt, auf denen sich in Goldreliefs mit feinster Zierung Darstellungen orientalischer Themen abzeichnen. Auf den breiten Pilastern finden sich hingegen ganz zart eingepunzt ägyptische Götterbildnisse. Die rahmende Einfassung des von einer chinesischen Pagode bekrönten Abschlusses der Thronwand umziehen erneut, ebenso wie den gesamten Arkadenbereich, phantasievoll gestaltete »chinesische« Schriftzeichen. China und der gesamte Ferne Osten gehörten nach barocken Vorstellungen zu einem Kulturraum, dessen Religion und Wertvorstellungen nach damaliger europäischer Ansicht direkt auf den überlieferten Vorbildern des alten Ägyptens fußten. Diese Weltsicht verdeutlicht Dinglinger auch in der Gestaltung der Waage, die als dem indischen »Mogol« zugeordnetes Gerät unmittelbar zum Thronbereich gezählt werden muss. Auch hier finden sich ägyptische Elemente als Zeichen für das unvorstellbare Alter der chinesisch-indischen Kultur. Zum Bereich der Waage gehören neben zwei geflochtenen Körben mit 94 kleinen Goldmünzen und 154 kleinen Silbermünzen auch die Aufsichtsbeamten, darunter der Schatzschreiber und ein baldachintragender Mohr.

Noch faszinierender als die Architektur ist das figürliche Szenarium, das Dinglinger seinem Kurfürst-König und dessen Gästen präsentierte. Die Figuren sind fast alle so gestaltet, dass sie nach Belieben des kurfürst-königlichen Besitzers frei platziert werden können. Dies beweist auch der Kupferstich von 1739. Entgegen der 1988 von Carsten-Peter Warncke aus den in den Inventaren überlieferten Beschreibungen Dinglingers schlüssig rekonstruierten empfohlenen Aufstellung zeigt das Blatt eine freie Interpretation.[25]

Im Mittelpunkt des Geschehens thront mit stoischer Ruhe der Großmogul mit diamantgeschmücktem Kronturban und Zepter, dem Pusikan, auf einem Sitz vor der Schauwand aus reinem Gold, den ein sehr großer, rötlicher Diamant ziert. Kaum scheint er dem großartigen Aufzug Beachtung zu schenken, der sich vor ihm entwickelt hat. Während sich die sorgfältig durchgestaltete Spiegelarchitektur und in ihrer Pracht in ihrem Materialwert hierarchisch zum Thron hin steigert, verhält es sich mit den im Palastbereich aufziehenden Großen des Mogulreiches gegensätzlich und wie in der höfischen Rangordnung des Spätbarock vorgegeben: der Vornehmste erscheint als Letzter. Die Rangfolge der einzelnen Fürsten und Beamten ist auch für den heutigen Betrachter deutlich erkennbar. Sie bemisst sich nach dem Reichtum, der den Herannahenden umgibt, sowie nach der Anzahl der ihn begleitenden Diener. Davon unabhängig erscheinen die Träger, die die jeweiligen Geschenke zum Thron des Großmoguls bringen. In dem Moment, den Dinglinger für seine Darstellung gewählt hat, hat sich einer der Hofbeamten, der Stadtpfleger Omrahm Nabab, vor seinem Herrscher in tiefer Referenz auf die Stufen geworfen. Ein Bediensteter mit Baldachin steht neben seinem Herrn, während zwei weitere Diener die Geschenke, zwei Gießgarnituren, bestehend aus Becken und Kannen, einen Vogelbauer und zwei Schalen aus Jaspis, vorweisen.

Gleichzeitig haben die beiden ranghöchsten Fürsten als Letzte den vordersten Hof erreicht. Der bedeutendste Würdenträger des Reiches Chan Chanon, der Fürst der Fürsten, wird in einer Sänfte getragen und von elf orientalisch gekleideten Bediensteten begleitet. Als ranghöchster Fürst übergibt er seinem Herrscher die Sonnen- und die Mondpyramiden, die bereits seitlich des Thronsitzes an der Thronwand aufgebaut sind und von zwei Männern bestaunt werden. Außerdem schenkt er die kostbare Fontäne, damals auch Wasserblase genannt, mit einem Becken, die am vorderen Rande der zweiten Terrasse aufgestellt ist. Mir Miron, der Herr der Herren, erscheint in chinesischer Kleidung. Der zweitmächtigste Fürst wird in einem Sessel mit Baldachin von vier Lakaien getragen und von sechs Dienern umgeben. Er schenkt den weißen Reiseelefanten, ein »türkisch« aufgeputztes Dromedar und ein ebenfalls in osmanischer Art gesatteltes Pferd.

Der ihnen in der Hierarchie folgende Chani Alem geht unter einem hohen Baldachin zu Fuß heran. Er wird von neun schwarzen Bediensteten in Kaftanen begleitet. Der Fürst des Volkes mit seinem diamantbesetzten Turban präsentiert seinem Herrscher zur fürstlichen Jagd gehörende Geschenke, so den grauen Jagdelefanten mit seiner Besatzung von vier Dienern, zwei Affen, einem Papagei und einem Gepard als Jagdgefährten. Hinzu kommen ein zur Tigerjagd bestimmtes Pferd und zwei ebenfalls von einem schwarzen Diener geführte Jagdhunde.

In der Rangordnung folgt auf die Fürsten nun als höchster Vertreter der Reichsverwaltung der Primo Vezier oder Reichskanzler mit einem Ehrengeleit von sechs Dienern. Ihn beschirmt ein von zwei Männern gestützter Baldachin, auf dem ein Papagei balanciert. Der Verwaltungsbeamte überreicht als Geschenk ein auf »persianische« Art geschmücktes Kamel sowie zwei hieroglyphische Schwurhände. Der nächste in der Hierarchie ist Wasan Bassi, der Schatzmeister. Seine Geschenke sind ein Lacktisch und zwei Einfußtische. Drei weitere, »indianisch« gekleidete Diener tragen goldene Gefäße und führen einen Hund herbei. Rassi, ein Herr über 12 000 Pferde und damit einer der Reichsten des Landes, tritt ebenfalls unter einem Baldachin vor seinen Herrscher. Er führt eine prächtige Vase und ein Tragbett mit sich. Die Dienerschaft des Nassir, des Hofmeisters des Großmoguls, bringt auf Tragen eine große Vase und eine Schlag- und Repetieruhr herbei. Währenddessen erweist Nabab, ein weiterer Herr über 12 000 Pferde, beschirmt von einem Baldachin, dem höchsten Fürsten Chan Chanon seine Reverenz. Seine Geschenke sind ein Pokal und ein kostbar emailliertes Horn. Der letzte der hohen Würdenträger Indiens ist Vaikea Neuis, der Aufseher, der ehrerbietig Mir Miron begrüßt. Seine Diener sind dabei, nahe der Fontäne einen goldenen Geschenkkoffer auszupacken. Dessen miniaturhafter Inhalt – zwei Spiegel, ein Buch mit Zeichnungen, zwei Edelsteinpokale sowie zahlreiche Degen, Pistolen und Gewehre – ist nur zum Teil erhalten. Weitere der in der Beschreibung erwähnten Geschenke, »eine kleine gehende Uhr«, »Scheeren« oder ein »Petschaft« fehlen heute. Als Rangniedrigste treten links und rechts aus den Seitengemächern zwei Omrahme heraus und zeigen ihre Geschenke, einen großen Spiegel und ein vielteiliges Kaffeegeschirr.

Mit Hilfe seiner Brüder glückte Johann Melchior Dinglinger ein einzigartiges, damals wie heute bezauberndes Kunstwerk. Schaulust, Neugier auf fremde Kulturen, barocke Feststimmung und absolutistischer Wunschtraum vereinen sich zu einem märchenhaften Ensemble.

Aurangzeb – das reale Vorbild

Der von Dinglinger dargestellte Großmogul hieß Aurangzeb und war ein Zeitgenosse Augusts des Starken. Abul Muzaffar Muhi-ud-Din Muhammad Aurangzeb wurde am 3. November 1618 geboren und beherrschte seit Juli 1658 fast den ganzen indischen Subkontinent. Er starb am 3. März 1707 im hohen Alter von 88 Jahren. Sein Thronname Alamgir lässt sich als »Zierde des Throns« übersetzen. Dinglinger selbst schrieb den Namen des indischen Alleinherrschers in einer zu seiner Zeit in der Reiseliteratur gebräuchlichen Form als Aureng-Zeb. Der historische Aurangzeb war während seiner 49 Jahre andauernden Regierungszeit zum personifizierten Bestandteil des europäischen Mythos vom unermesslichen, exotischen Reichtum des Fernen Ostens und von uneingeschränkter Macht eines asiatischen Fürsten geworden. Der Kaiser Indiens war der sechste Herrscher einer von den Mongolen abstammenden Dynastie, die sich seit dem frühen 16. Jahrhundert allmählich den Subkontinent unterworfen hatte. Seine Regierung begann dieser letzte bedeutende Mogulherrscher mit einem blutigen Thronfolgekrieg, den die Nachricht von einer scheinbar tödlichen Erkrankung seines Vaters Sha Jahan ausgelöst hatte. Am Ende des erbarmungslos geführten Bruderkrieges, der im fernen Europa mit Faszination verfolgt wurde, waren die drei Brüder Aurangzebs und einige ihrer männlichen Nachfahren gefallen, ermordet oder hingerichtet sowie der von seiner Krankheit genesene Vater der Gefangene seines Sohnes. Sha Jahan, der Erbauer des Taj Mahal, wurde bis zu seinem Tod im Jahr 1666 in seinem Palast in Agra in Gewahrsam gehalten. Die europäischen Beobachter Indiens erlebten den streng religiösen und gänzlich intoleranten Muslim Aurangzeb aus der europäischen Distanz als überaus erfolgreichen Monarchen. Beeindruckend erschien das Ausmaß seiner Eroberungen, mit denen das Mogulreich seine größte Ausdehnung erlangte und fast den gesamten Subkontinent von seiner Südspitze bis an den Rand der afghanischen Berge umfasste. Die Größe seiner Macht und seines Reichtums empfand man in Europa als unermesslich. Zumal er auch das Monopol des Diamanthandels besaß. Bis gegen 1740 war Indien der einzige Fundort für die bei den Herrschern Europas und insbesondere bei August dem Starken so sehr geschätzten Diamanten.

Als fundamentalistischer Muslim, der sich in seinem Handeln allein vom Koran leiten ließ, war Aurangzeb an der Weiterführung der von seinem Vater geschätzten künstlerischen Prachtentfaltung kaum interessiert. So verbot er, an seinem Hof Musik zu spielen und entließ die bildenden Künstler. Aus religiösen Gründen konnte Aurangzeb letztlich auch das Mogulreich als Zentralstaat nicht zusammenhalten. Die allmählich einsetzende Destabilisierung der Verwaltung, der durch sich immer mehr häufende Aufstände der unterdrückten Hindubevölkerung bewirkte Staatsbankrott am Ende seiner Regierungszeit und der schleichende Zerfall des riesigen Herrschaftsgebietes wurden in Europa zunächst nicht bemerkt. Als Dinglinger damit begann, den Glanz des fernöstlichen Herrschers in seinem Werk zu schildern, war dieser bereits gebrochen und Aurangzeb verzweifelt bemüht, seine Herrschaft aufrechtzuerhalten. Doch in Europa galt der Mogulkaiser bis weit ins 18. Jahrhundert, schon aufgrund der begeisterten Reiseberichte aus der zweiten Hälfte des 17. Jahrhunderts, in der Aurangzeb kriegerisch erfolgreiche Zeiten als mächtigster und reichster Monarch der Welt erlebt hatte, als Inbegriff des unermesslich reichen Orients. Zudem war Aurangzeb für die europäischen Bewunderer nicht nur der Herr über die einzigen damals bekannten Diamantvorkommen, sondern auch reich gesegnet mit Gold, Silber, Edelsteinen, Ebenholz, Seide, Tee, Elfenbein, Gewürzen und anderen exotischen Kostbarkeiten. Zugleich sah man in ihm auch den uneingeschränkten Alleinherrscher eines unglaublich großen und volkreichen Landes. Er schien sich durch keine Reichsstände in seiner Allmacht schmälern zu lassen, und die Großen seines Landes, die Beamten und Vornehmen, waren direkt von seiner Gnade und seinem Willen abhängig. Aurangzeb wurde somit zu einer absolutistischen Traumgestalt. Die blendende Pracht des nach europäischer Vorstellung ausgesprochen luxuriösen Hofes mit seinem komplizierten Zeremoniell gipfelte in der Person des Großmoguls, der sich alljährlich an seinem Geburtstag von seinen Untergebenen fast gottgleich feiern ließ.

Johann Melchior Dinglinger wählte für seine in den Notzeiten des Nordischen Krieges realisierte Darstellung des Herrscherglanzes das fünf Tage währende Geburtstagsfest des Großmoguls in dessen Hauptstadt Delhi. Seine bildliche Rekonstruktion der Ereignisse beruht dabei nicht auf phantasievollen Träumen von absolutistischer Größe, sondern stützte sich auf eine fast schon »wissenschaftlich« zu nennende Analyse der schriftlichen Berichte und Illustrationen aus Reisewerken sowie auf völkerkundliche, kunstgeschichtliche und archäologische Publikationen. Dinglingers Ziel war es, die Festlichkeiten mit einer weitgehend ethnologischen Genauigkeit darzustellen. Das Wissen, dass in das große Werk eingeflossen ist, kondensierte in einer vom Hofjuwelier August dem Starken übergebenen wortreichen Erläuterung des Kabinettstücks, die im Folgendem hier vollständig abgedruckt wurde. Die heute recht umständlich zu lesende »Special-Beschreibung«, in der der dargestellte Personenkreis und vor allem die komplexen Bedeutungsebenen der seltsamsten Geschenke dargelegt wurden, wurde zwischen 1725 und 1733 in ein Zusatzinventar der Pretiosensammlung aufgenommen. In dieser »Special-Beschreibung« findet sich eine Zusammenfassung des Wissens, das Europa im ersten Jahrzehnt des 18. Jahrhunderts über das ferne Indien und die außereuropäischen Religionen besaß. Zugleich aber wurde auch die Faszination des chinesischen Kaiserhofes in diese Darstellung fernöstlicher Pracht einbezogen.

Die über einen Quadratmeter große Bühne mit ihren drei Höfen entspricht in der Einteilung und den räumlichen Verhältnissen genau dem von Reisenden geschilderten Palasthof. Dies trifft auch auf Kleidung und Haltung der Figuren zu. Allein in der ikonographischen Gestaltung der Geschenke und des Bauschmucks kombinierte Johann Melchior Dinglinger völlig frei indische Gestalten und Symbole mit altägyptischen, chinesischen, griechischen, sogar germanischen Elementen.

Der »Großmogul« als Wissensspeicher

Das Meisterwerk der königlichen Schatzkunst ist somit keine kostbare »Puppenstube«, die den königlichen Betrachter phantasievoll unterhalten soll, es ist vielmehr ein einzigartiges Archiv des Wissens seiner Entstehungszeit. Die vielfältigen schriftlichen und bildlichen Quellen, auf die Johann Melchior Dinglinger zurückgriff, um seine rekonstruktive Annäherung an das Geburtstagsfest des Großmoguls umsetzen zu können, wurden in mehreren Untersuchungen von Kunsthistorikern analysiert.[26] Dinglinger selbst nennt keine Vorlagen namentlich, sondern umreißt sie allgemein als »curiose Reiße-Beschreibungen frembder und weit entlegener Länder und Nationen«. Es handelte sich dabei vor allem um illustrierte Reiseberichte vom indischen, aber auch vom chinesischen Kaiserhof. Einige dieser Bücher erlangten im späten 17. Jahrhundert eine außergewöhnliche Beliebtheit und wurden bis ins 19. Jahrhundert immer wieder neu aufgelegt. Dazu gehören das 1670 erstmals in Paris erschienene Werk des Arztes François Bernier (Abb. 12), die 1678 veröffentlichte Beschreibung einer Reise von Walter Schultzen und die 1679 ebenfalls auf Französisch publizierte, sehr gründliche Beschreibung und zugleich Erinnerungen des Edelsteinhändlers Jean-Baptiste Tavernier. 1681, im selben Jahr als Taverniers Reisebericht in deutscher Sprache verlegt wurde, veröffentlichte der Schriftsteller Olfert Dapper sein »Asia, oder ausführliche Beschreibung des Reiches des Großen Mogul«, das das damals allgemeine Wissen über Indien sowohl in schriftlicher wie in bildlicher Form zusammenfasste (Abb. 13).

Dinglingers intellektuelle Annäherung, die letztlich zur Visualisierung des Geburtstagsfestes führte, wird besser nachvollziehbar, wenn man Taverniers Beschreibung des Mogulhofes etwas eingehender betrachtet. Im achten Kapitel des zweiten Buches berichtet Tavernier über das Fest anlässlich des Geburtstags des Großmoguls. Dieser Staatsakt begann am 4. November eines jeden Jahres und währte fünf Tage. Wie Tavernier beschrieb, wurde der Großmogul jährlich zu diesem Anlass abgewogen. Es soll dann jeweils eine große Freude geherrscht haben, wenn er seit dem letzten Jahr zugenommen hatte. Danach setzte sich der Herrscher auf seinen Thron und erwartete die Ehrerbietungen seiner reichen und mächtigen Untertanen, die ihm zu diesem Zweck Diamanten, Rubine, Smaragde, Perlen, Gold und Silber, schöne Teppiche, Silberbrokat, Elefanten, Kamele und Pferde zum Geschenk machten. Diese Geschenke, so teilte der französische Diamanthändler mit, machten an diesem Tage über 30 Millionen Franken aus. Viele Motive der Ausführungen Taverniers hat Dinglinger in sein Kunstwerk aufgenommen, so die fremdartigen Waffen, die an den Seitenpfeilern des Thronsitzes hängen, oder die Darstellung des Pfauen, die der Thronbaldachin fast verdeckt. Doch der Künstler illustriert mit seinem Kabinettstück keinesfalls nur Taverniers Bericht. Er führt vielmehr die Kernaussagen aller ihm zur Verfügung stehenden Quellen zusammen und schafft so durchaus schöpferisch ein Gesamtbild. Auf Grundlage der Analyse von Reiseberichten europäischer Botschafter, Händler und Missionare aus Indien und China entsteht so eine neue Interpretation der Wunderwelt des Fernen Ostens. Johann Melchior Dinglinger schildert in seinem »Thron des Großmoguls« zunächst zwar einen konkreten Handlungsablauf, in dessen Mittelpunkt ein zeitgenössischer Fürst – Aurangzeb – steht, was schließlich aber entstanden ist, ist eine überzeitliche, nicht allein auf einen exotischen Ort bezogene Darstellung der »Magnificence«, also der majestätischen Prachtentfaltung eines großen Fürsten.

Ein besonderer Reiz des Schatzkunstwerkes liegt zudem darin, dass er die in den Reisebeschreibungen Indiens anklingende Schilderung des Landes als einen Vielvölkerstaat so umsetzte, dass sein »Thron des Großmoguls« völkerkundlich den ganzen Fernen Osten wiedergibt. Neben Trachten aus dem indischen Mogulreich finden sich auch solche aus dem osmanischen Kulturraum, aus Persien und China, es finden sich »Mohren«, Tartaren und Bewohner der mongolischen Steppe. An der Rückwand ließ Dinglinger sogar Szenen malen, die aus dem japanischen Kulturraum stammen. In seinen Einzelheiten, den dargestellten Gewändern, den verwendeten Ornamenten und der Form der Tragsesseln, gibt sich das kostbare Kunstwerk fast schon ethnographisch genau, in vielen der als Geschenke dem Betrachter vorgestellten Symbolen und Gegenständen des europäischen Luxus aber bleibt es der barocken Welt verhaftet.

Gerade diese spekulativen Objekte europäischer Gelehrsamkeit stehen im Mittelpunkt der Beschreibung, die Johann Melchior Dinglinger von einem Gelehrten als Erläuterung seines Werkes erstellen ließ. Sie hat sich, auf 93 Seiten (Folio 1r bis 47r) handgeschrieben in der erwähnten, zwischen 1725 und 1733 entstandenen Ergänzung zum 1725 abgeschlossenen Inventar der Pretiosensammlung Augusts des Starken erhalten. Gedacht war diese deutende Darstellung, bezeichnet als »Kurzer Entwurff der Magnificenz des großen Moguls, an seinen Geburths Tage bey Überreichung derer Geschencke«, als eine

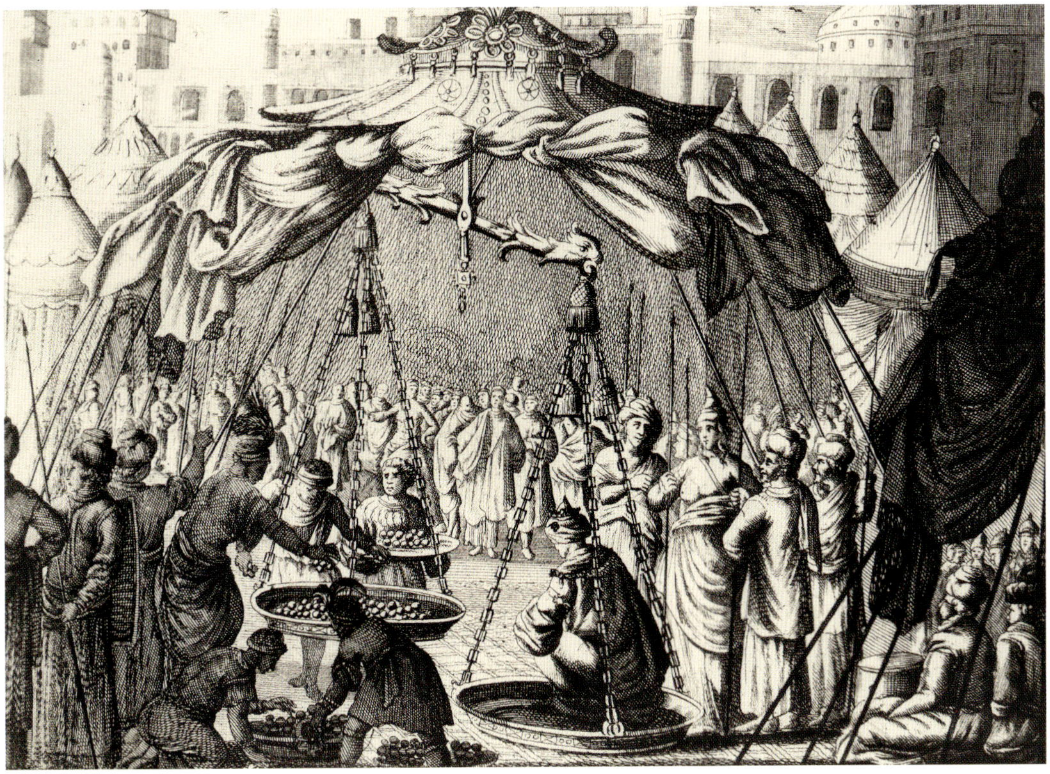

12 Der Großmogul wird gewogen, Stich aus: François Bernier, Voyages de François Bernier, contenant la Description des Etats du Grand Mogol, Amsterdam, 1699

Handreichung zum Verständnis vor allem der rätselhaftesten der dargebrachten Geschenke. Ihr Autor war ein heute noch nicht namentlich fassbarer, humanistisch gebildeter Intellektueller, der allem Anschein nach zuvor nicht mit dem Entstehen des Werkes befasst war. Zu stark wirkt in dem sehr barocken Text die Distanz zu dem großartigen Werk der Schatzkunst. Insgesamt zitiert der Autor zur Begründung seiner Interpretation des Kunstwerkes 28 Quellen. Neben der Bibel sind es 15 antike Autoren und unter den modernen Publikationen nur zwei Reisebeschreibungen. Neun Seiten dienen ihm der Beschreibung der »[...] vortefflichen, kostbaren und eigentlichen Figur des Throns überhaupt«, also der Architektur des Thronbereichs und der Selbstpräsentation des Großmoguls. Weitere neun Seiten benötigte er zur Vorstellung der »[...] ordentlichen Aufzuge derer Grandium bey Überreichung derer Praesente«, also der Benennung aller Geburtstagsgäste und ihrer Geschenke. Der Hauptteil des »Kurzen Entwurffs der Magnificence des grossen Moguls« ist allerdings »[...] der verborgenen Bedeutung derer antiquarischen Characteren an etlichen Geschencken mit nöthiger Erklärung [...]« gewidmet. Im Grunde sind es allerdings nur drei Geschenkgruppen, die beiden »Pyramiden« Chan Chanons, die eine der Sonne und die andere dem Mond geweiht, die beiden »Schwurhänden« des ersten Wesirs, die auf spätantike Votivhände zurückgehen, und des goldenen Trinkhorns des reichen Nabab. Die beiden pyramidalen Säulen des Chan Chanon sind auf allen Seiten mit zahlreichen verschlüsselten Symbolen und Darstellungen der Tierkreiszeichen und nichtchristlicher Religionen bedeckt. Mit den Sonnen- und die Mondpyramide des Fürsten der Fürsten unternimmt Dinglinger – höchst individuell und ambitioniert gelehrt – eine Zusammenfassung religiöser Systeme der alten Ägypter, der Antike und des Fernen Ostens, ja fast aller damals bekannten Religionen des Fernen Ostens. Der interpretative Autor der Beschreibung benötigt dafür ganze 46 der insgesamt 93 Seiten. Mit dem goldenen »Mantuaner Horn« des Nabab greift der Hofgoldschmied auf hochaktuelle Probleme der antiquarischen Forschung seiner Zeit zurück. Die anderen Geschenke, die zumeist dem europäischen Kulturverständnis entstammen, lässt der humanistisch geprägte Autor des »Kurzen Entwurffs der Magnificence [...]« weitgehend unerwähnt. Sie bedürfen auch ikonographisch keiner gelehrten Entschlüsselung. Bildvorlagen finden sich für die etwas ungewöhnlicheren Objekte, beispielsweise die Fontäne mit ihrem

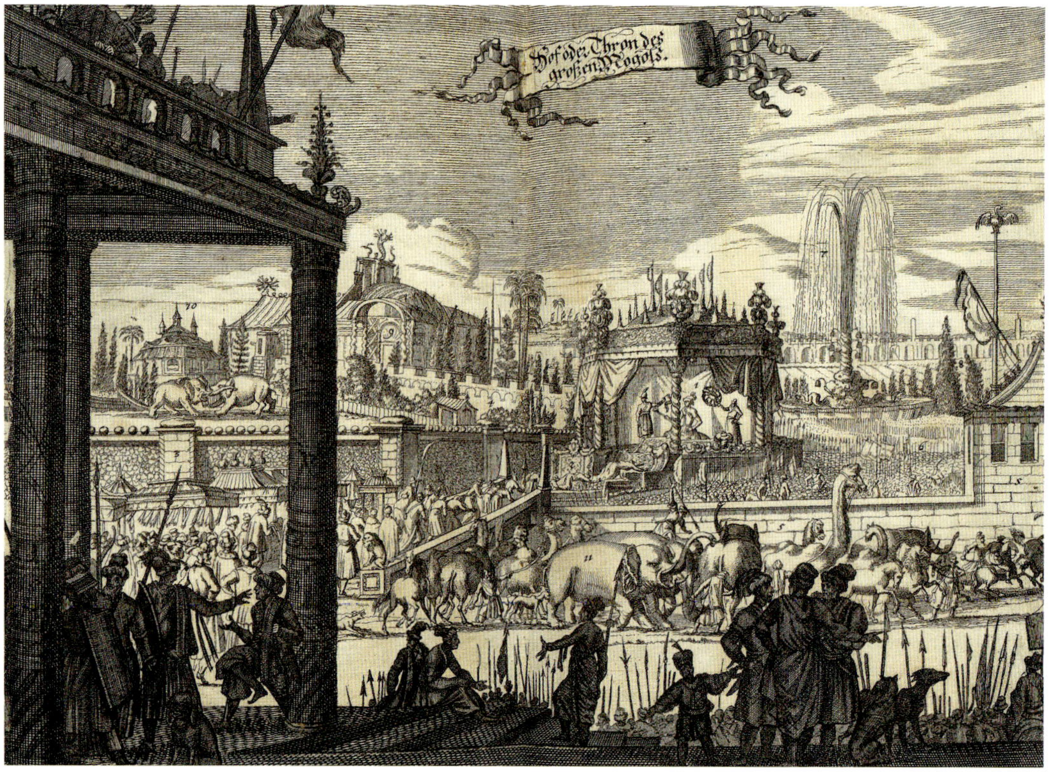

13 Der Hof des Großmoguls, Stich aus: Olfert Dapper, Asia oder Ausführliche Beschreibung Des Reichs des Grossen Mogols Und eines grossen Theils Von Indien [...], Nürnberg 1681, S. 185

Becken, in Kupferstichen des 17. Jahrhunderts oder, wie für den grauen Jagdelefanten, in sogar noch älteren Vorlagen.

Der große Reiz des gesamten Ensembles bestand für den zeitgenössischen Betrachter des »Throns des Großmoguls« nicht allein in der sinnlichen Wahrnehmung der einzelnen, bis ins feinste durchgebildeten Details, sondern auch im Wiedererkennen zahlreicher, gelehrter Bezüge, die dem damaligen gebildeten Bewunderer sicherlich nicht entgingen. Die Dichte der Wahrnehmung bei der Betrachtung der »Magnificenz des großen Moguls« war für die Zeitgenossen Dinglingers wohl ungleich tiefer als für einen heutigen Betrachter. Schon für August den Starken und seine Gäste, die ja das Kunstwerk als Erste seit Februar 1709 genießen konnten, führte diese ungeheure Kostbarkeit aus Gold, Silber, Diamanten, Edelsteinen und kunstvoll aufgetragenem Email zu immer neuen, unterhaltsamen Entdeckungen. Auch und gerade darin ist Dinglingers »Thron des Großmoguls« ein später Nachfahre der Kunstkammerstücke des 16. und 17. Jahrhunderts, gleichzeitig aber in seiner wissenschaftlichen Genauigkeit, seiner antiquarischen Erzählfreude und seiner Verbindung seinerzeit moderner europäischer Formen des Spätbarock mit fernöstlichen Motiven im Sinne der Chinoiserie ein für damalige Verhältnisse hochaktuelles Kunstwerk, das den Geist des beginnenden 18. Jahrhunderts auf eine fast schon einmalige Weise bis heute widerspiegelt.

Anmerkungen

1 Sächsisches Staatsarchiv – Hauptstaatsarchiv Dresden (StA-D), 10026 (Geheimes Kabinett), Loc. 3521/02, Pohlnische General-Cassa Sachen Anno 1714, 1715, 1716, Vol. I, fol. 36r.

2 StA-D, 10026 (Geheimes Kabinett), Loc. 896/02, Dinglingeriana (Lieferungen u. Rechnungen Johann Melchior Dinglingers sowie seines Sohnes Johann Friedrich Dinglingers, 1707–1744 für das Grüne Gewölbe), fol. 15r. Schreiben von Johann Melchior Dinglinger an August den Starken, Leipzig, 11. Oktober 1707.

3 A.a.O., fol. 15v.

4 Karl Czok, August der Starke und Kursachsen, Leipzig 1990, 3. Aufl., S. 211.

5 Als Beispiel sei hier nur Raphaels »Sixtinische Madonna« angeführt, die bei ihrer spektakulären Erwerbung 1752 mit umgerechnet 35.000 Talern das teuerste Gemälde aller Zeiten gewesen war.

6 Der fotografisch überlieferte Zettel ist seit 1945 verschollen.

7 Die gesamte Rechnung in: Dirk Syndram, Das Goldene Kaffeezeug Augusts des Starken. Johann Melchior Dinglingers erstes Meisterwerk im Grünen Gewölbe. Leipzig 1997, S. 61.

8 StA-D, Akten der Generaldirektion der Kgl. Kunstsammlungen, Cap. Xa No. 12, Specificatio dererjenigen Sachen welche der Durchl. Churfürst zu Sachsen und Burggraf zu Magdeburg pp. Johann Georgi der Vierdte pp. in dero Kunstkammer übergeben lassen, Ao: 1692ff. (Kriegsverlust), zitiert nach: Erna von Watzdorf, Johann Melchior Dinglinger. Der Goldschmied des Deutschen Barock, hg. vom Deutschen Verein für Kunstwissenschaft e.V., Berlin 1962, Bd. I, S. 98.

9 Johann Georg Keyssler, Fortsetzung neuester Reisen durch Teutschland, Böhmen, Ungarn, die Schweitz, Italien und Lothringen, worinn der Zustand und das merckwürdigste dieser Länder beschrieben wird [1730], Hannover 1741, Band II, S. 1057.

10 StA-D, 10026 (Geheimes Kabinett), Loc. 898/03, Hoff-Cassa-Sachen de Anno 1704, Bd. 5, fol. 78.

11 Zitiert nach Auszügen von Erna von Watzdorf im Grünen Gewölbe aus den verlorenen Akten des Grünen Gewölbes, Zu- und Abgänge 1702–1748 (Kriegsverlust),

12 A.a.O.

13 Dirk Syndram, Die Schatzkammer Augusts des Starken. Von der Pretiosensammlung zum Grünen Gewölbe, Leipzig 1999, S. 79f.

14 StA-D, 13472 (Schatullenkasse), Rechnungen Nr. 1/2a (1705–1706), fol. 2–8.

15 Siehe dazu Dirk Syndram, Die Schatzkammer Augusts des Starken. Von der Pretiosensammlung zum Grünen Gewölbe, Leipzig 1999, S. 82f. und StA-D, 10026 (Geheimes Kabinett), Loc. 896/01, Sachen, das Grüne Gewölbe, dessen Revision und die den Geheimen Kämmerern Starcke und March darüber darüber aufgetragene Aufsicht betreffend, 1681ff., fol. 37–41.

16 Thomas Eser, Hofkünstler auf Abwegen. Als Johann Melchior und Georg Christoph Dinglinger einmal beinahe aus Dresden weggezogen wären, in: Dresdener Kunstblätter, 48. Jg., 5. Heft, 2004, S. 311f.

17 StA-D, 10026 (Geheimes Kabinett), Loc. 896/02, Dinglingeriana (Lieferungen u. Rechnungen Johann Melchior Dinglingers sowie seines Sohnes Johann Friedrich Dinglingers, 1707–1744 für das Grüne Gewölbe), fol. 13r–16r.

18 Dirk Syndram, Die Schatzkammer Augusts des Starken. Von der Pretiosensammlung zum Grünen Gewölbe, Leipzig 1999, S. 90ff.

19 Zitiert nach Auszügen von Erna von Watzdorf im Grünen Gewölbe aus den verlorenen Akten des Grünen Gewölbes, Zu- und Abgänge 1702–1748 (Kriegsverlust).

20 Ulrich Pietsch; Peter Ufer, Mythos Meissen. Das erste Porzellan Europas, Dresden 2008, S. 27 und 29.

21 Elisabeth Schwarm-Tonisch, »... wo hohe Potentaten ihr Plaisirs finden können ...«. Das Königlich Holländische Palais zu Altdresden bis zu seinem Umbau im Jahr 1727, in: Dresdener Kunstblätter, Jg. 46 (2002), S. 63.

22 Dirk Syndram, Die Schatzkammer Augusts des Starken. Von der Pretiosensammlung zum Grünen Gewölbe, Leipzig 1999, S. 90 und StA-D, 10026 (Geheimes Kabinett), Loc. 3521/02, Pohlnische General-Cassa Sachen Anno 1714, 1715, 1716, Vol. I, fol. 34.

23 Eine 1737 erschienene Beschreibung in den Curiosa Saxonica verzeichnet ihn noch, nach alter Planung, im Pretiosensaal. Siehe: Beschreibung des Grünen Gewölbes, in: Curiosa Saxonica, Oktober 1737, Andere Helffte, S. 310f., »Für allen aber wird in Obacht genommen, die gantze Hofhaltung des grossen Moguls, wie er auf den Thron sitzet, und seinen Geburts=Tag celebriret, da seine Bedienten mit Geschencken zu ihm kommen, alles von Silber nach dem verjüngten Maastab gemachet, die Personen sind gleichfalls von silber und emailliret, ingleichen in seiner ordentlichen Livrée und Tracht, so wohl Bediente, Soldaten und Hofleute, auch Ministers, da unter andern ein Bedienter zu sehen, so au einem Coffre, auf Augspurger Art gemachet, etwa 2. Zoll hoch und breit, allerhand Kleinigkeiten, als Uhren, Tabattieren, Spiegel und alles, was zu einem Aufsatz gehöret, auf das sauberste und allernatürlichste gemachet, herauspacket. Dieses gantze Werck wird auf 80000. Rthl. geschätzet, und hat 40. Jahre gewähret, ehe alles ist zu Stande gebracht worden.« Dieselbe Beschreibung auch in: Beschreibung des Grünen=Gewölbes in Dreßden, dem noch beygefüget einige kurtze Zusätze zu Herrn Heckels Beschreibung des Königsteins. Zweite und vermehrte Auflage. Franckfurt und Leipzig 1739, S. 15f.

24 Johann Georg Keyssler, Fortsetzung neuester Reisen durch Teutschland, Böhmen, Ungarn, die Schweitz, Italien und Lothringen, worinn der Zustand und das merckwürdigste dieser Länder beschrieben wird [1730], Hannover 1741, Band II, S. 1057.

25 Carsten-Peter Warncke, Johann Melchior Dinglingers »Hofstaat des Großmoguls« – Form und Bedeutung eines virtuosen Goldschmiedewerkes, in: Anzeiger des Germanischen Nationalmuseums, 1988, S. 159–188.

26 Walter Holzhausen, Die Rolle der Graphik im Werk Johann Melchior Dinglingers, in: Die Graphischen Künste, N. F. IV. 1934, S. 93–114; Erna von Watzdorf, Johann Melchior Dinglinger. Der Goldschmied des deutschen Barock, 2 Bde., Berlin 1962, S. 134–169; Joachim Menzhausen, Am Hofe des Großmoguls, Leipzig 1965; Carsten-Peter Warncke, Johann Melchior Dinglingers »Hofstaat des Großmoguls« – Form und Bedeutung eines virtuosen Goldschmiedewerkes, in: Anzeiger des Germanischen Nationalmuseums, 1988, S. 159–188.

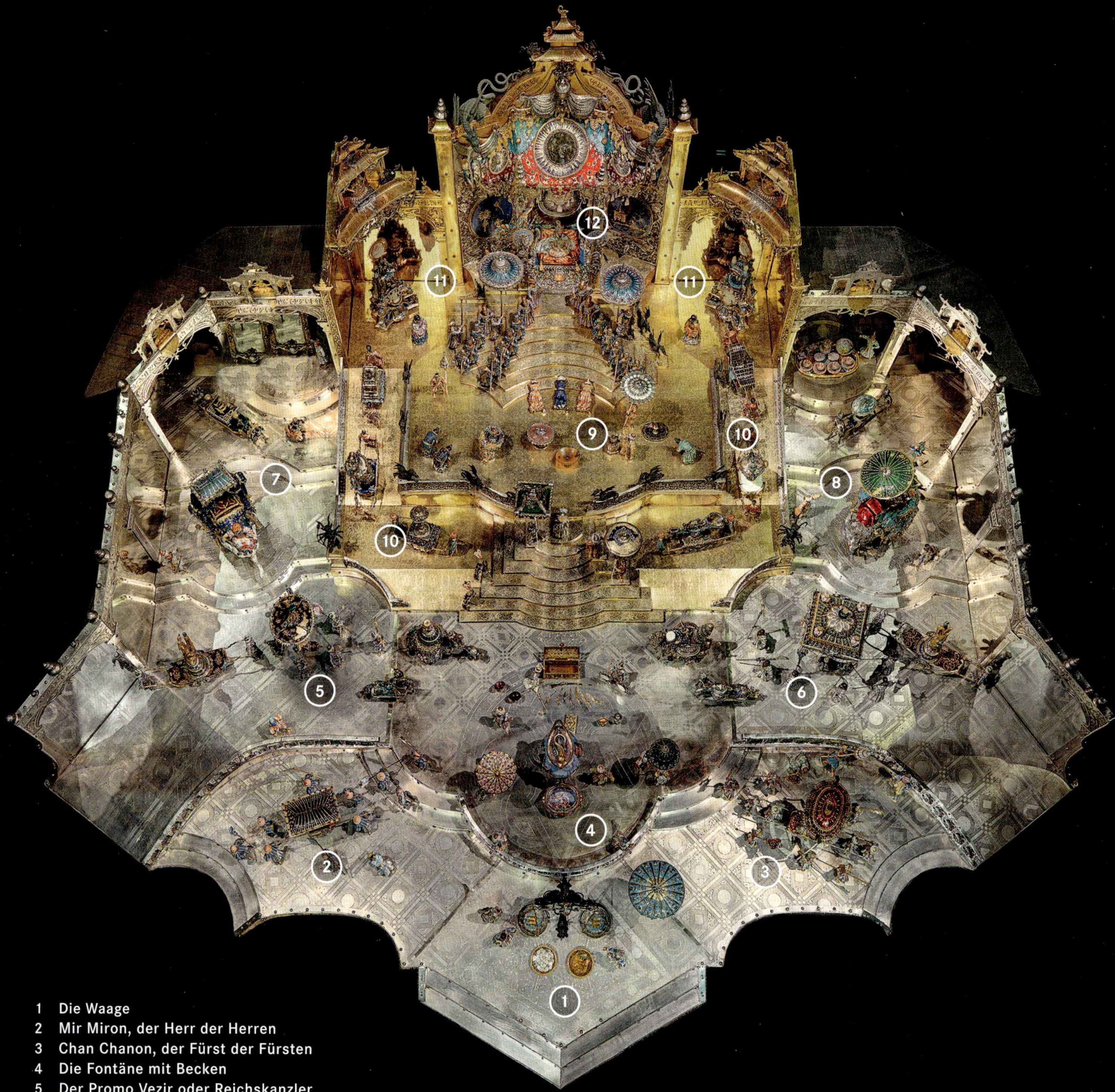

1 Die Waage
2 Mir Miron, der Herr der Herren
3 Chan Chanon, der Fürst der Fürsten
4 Die Fontäne mit Becken
5 Der Promo Vezir oder Reichskanzler
6 Chani Alem, der Fürst des Volkes
7 Weißer Reiseelefant
8 Grauer Jagdelefant
9 Wasan Bassi, der Schatzmeister
10 Geschenke des Rassi, des Nassir und des Nabab
11 Die Sonnenpyramide und die Mondpyramide
12 Der Großmogul

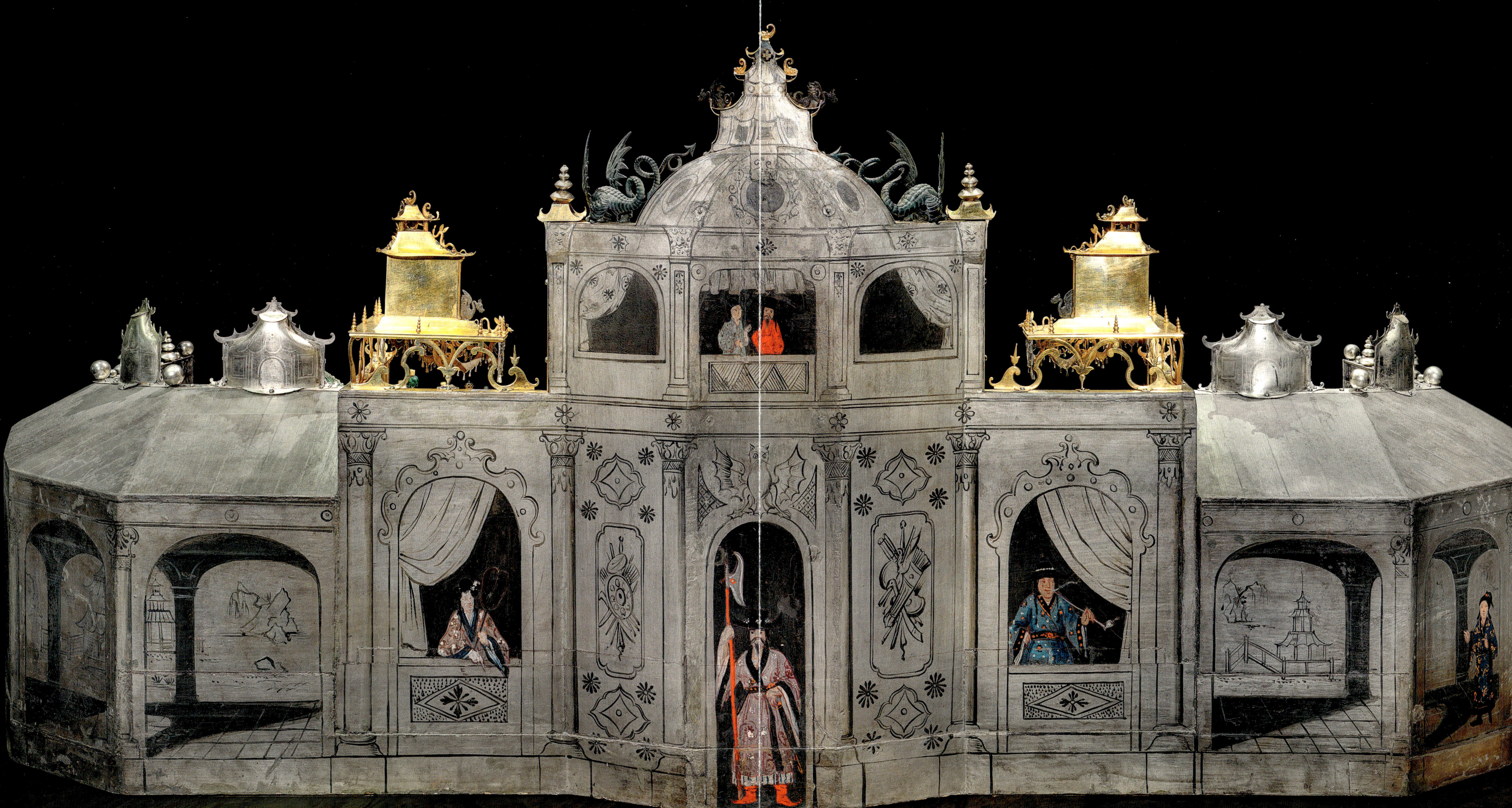

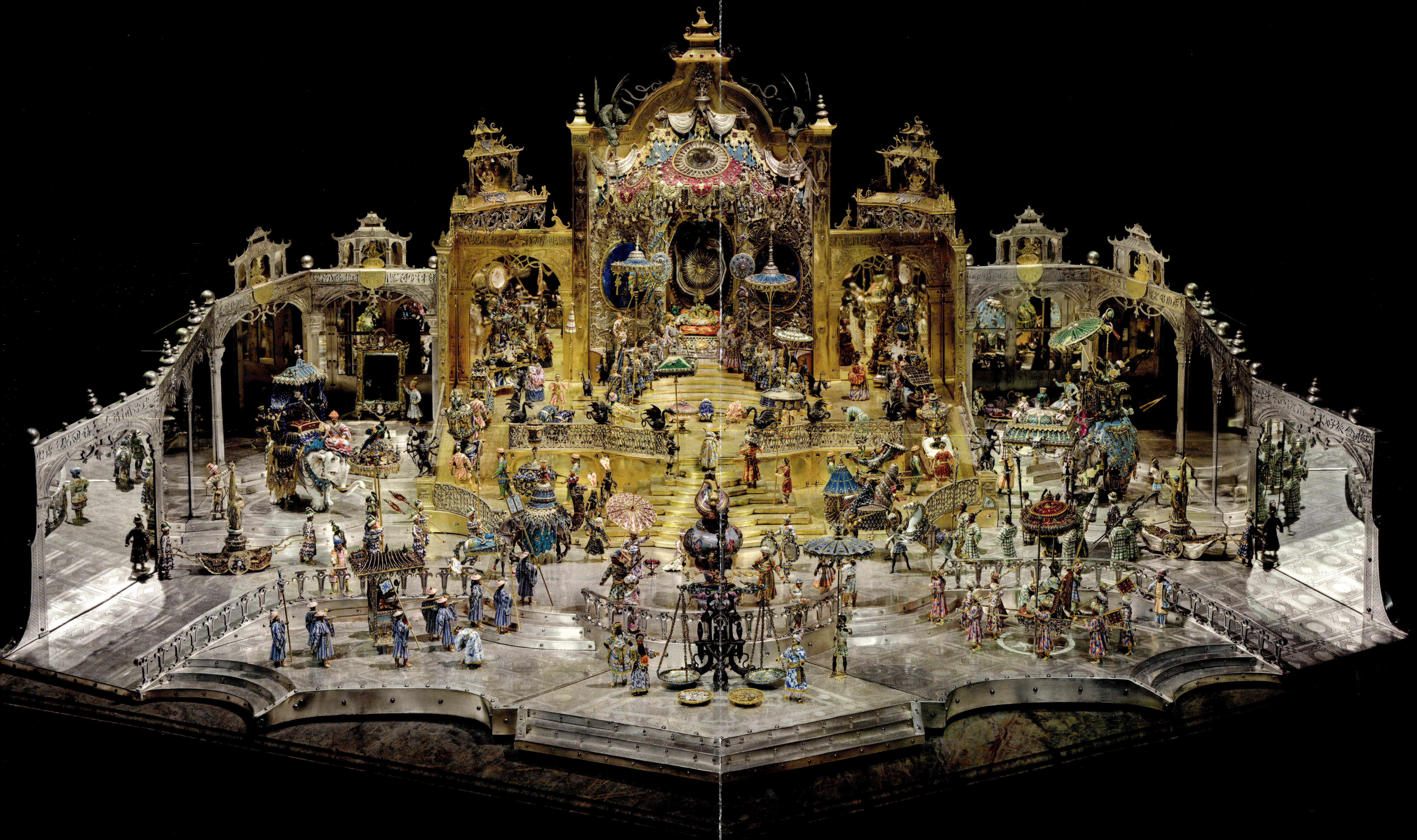

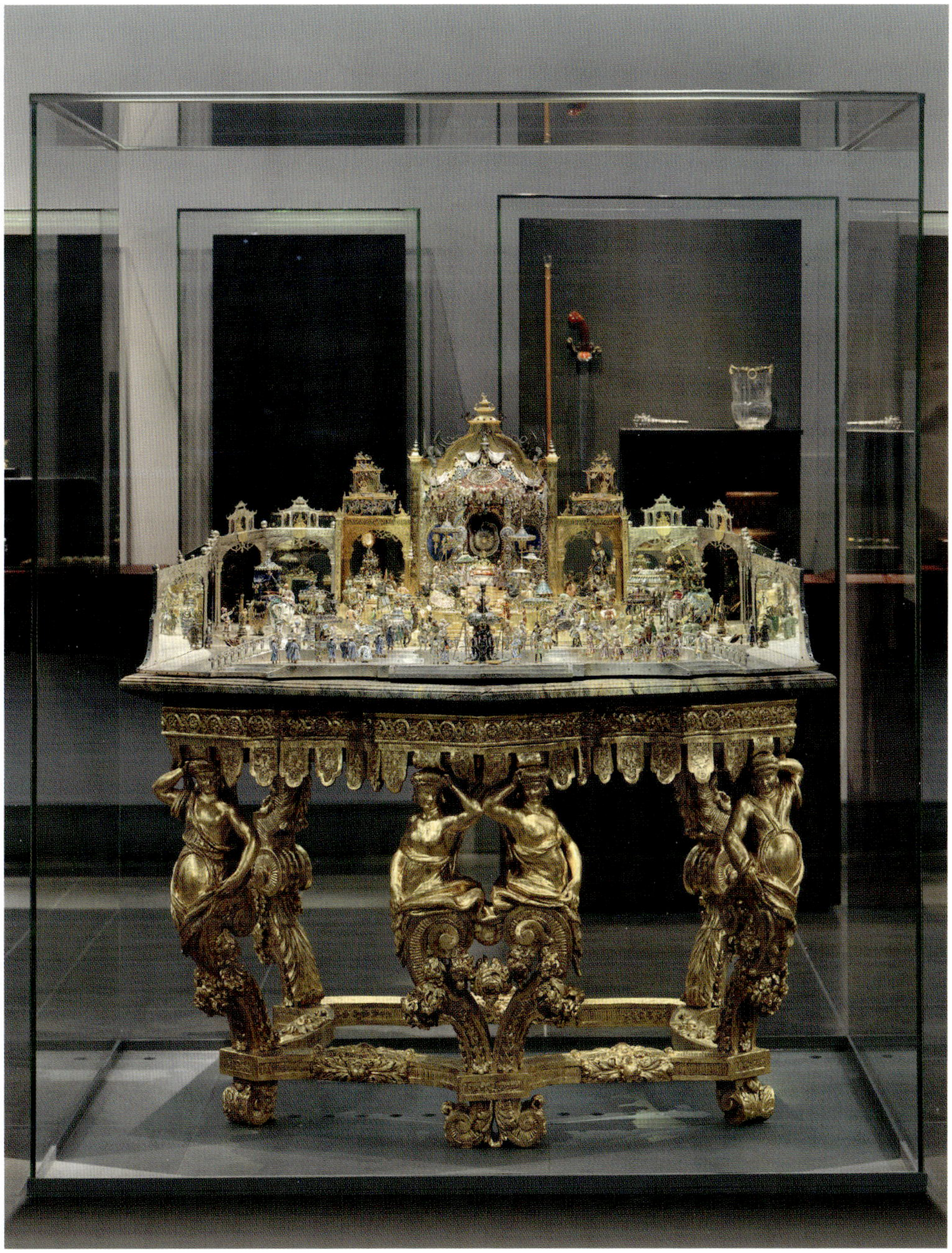

1

Die Waage, auf der der Großmogul in Gold und Silber aufgewogen wird, sowie ein Bramin, der Schatzschreiber und ein Hassanist.

Bei der Wiegezeremonie handelt es sich um den Höhepunkt der Geburtstagsfeierlichkeiten für den Herrscher, eine alljährliche Zeremonie am Mogulhof. Die Gestaltung der Waage durch Dinglinger ging auf die Schilderung einer solchen Feier durch François Bernier zurück, der eine bildliche Darstellung beigegeben war. Die Waage ist aus schwarz oxidiertem Silber geschaffen, 15,8 cm hoch und von Körben umgeben, die aus Golddraht geflochten wurden. In diesen liegen millimetergroße Münzen, beidseitig mit indisch anmutenden Schriftzeichen geprägt. Ein Bramin, der Turban tragende Mann mit einem von blauen Drachen durchwirkten Kaftan, sowie ein Schatzschreiber mit einem goldenen Buch in der Hand und ein Hassanist wohnen der Wiegezeremonie bei.

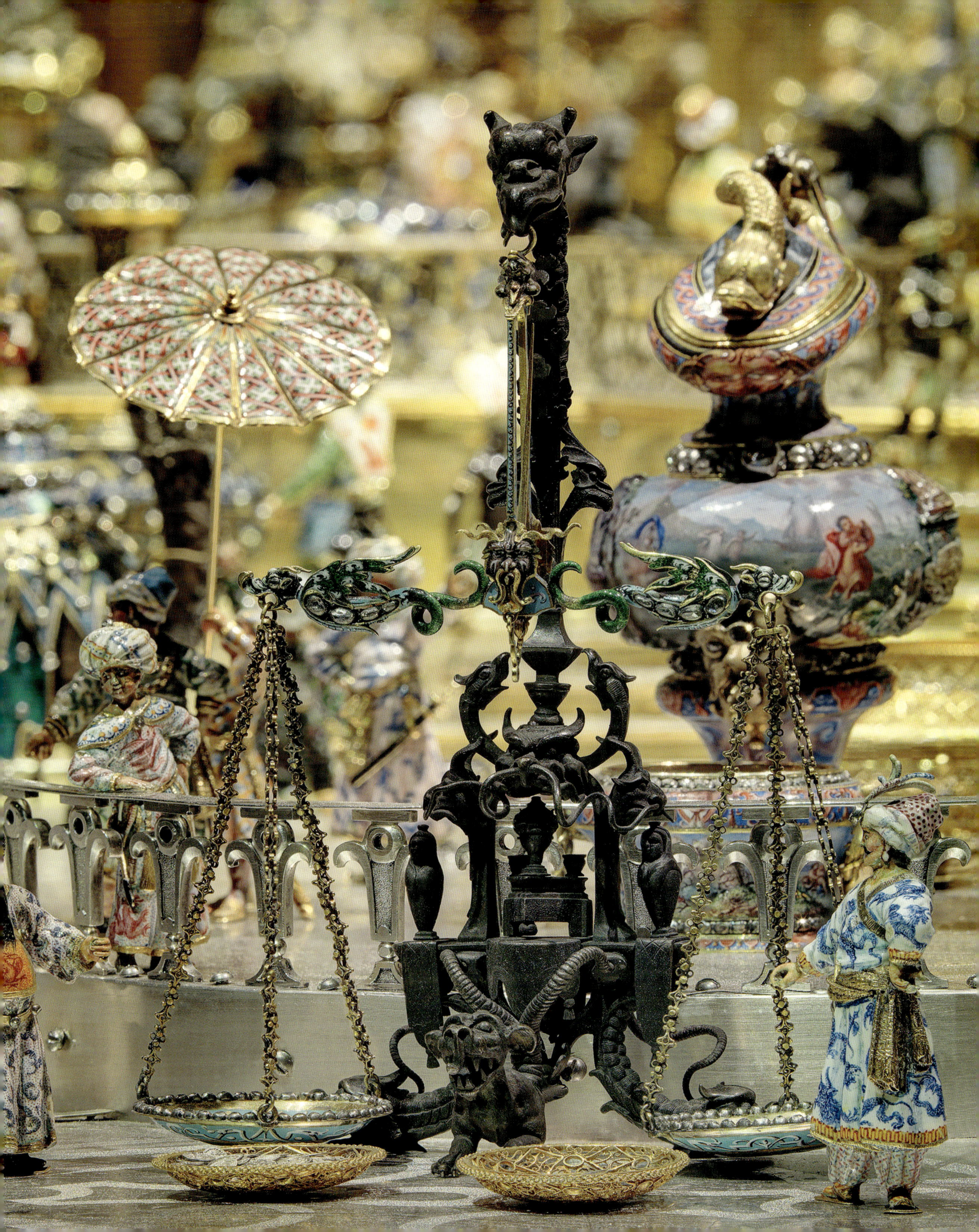

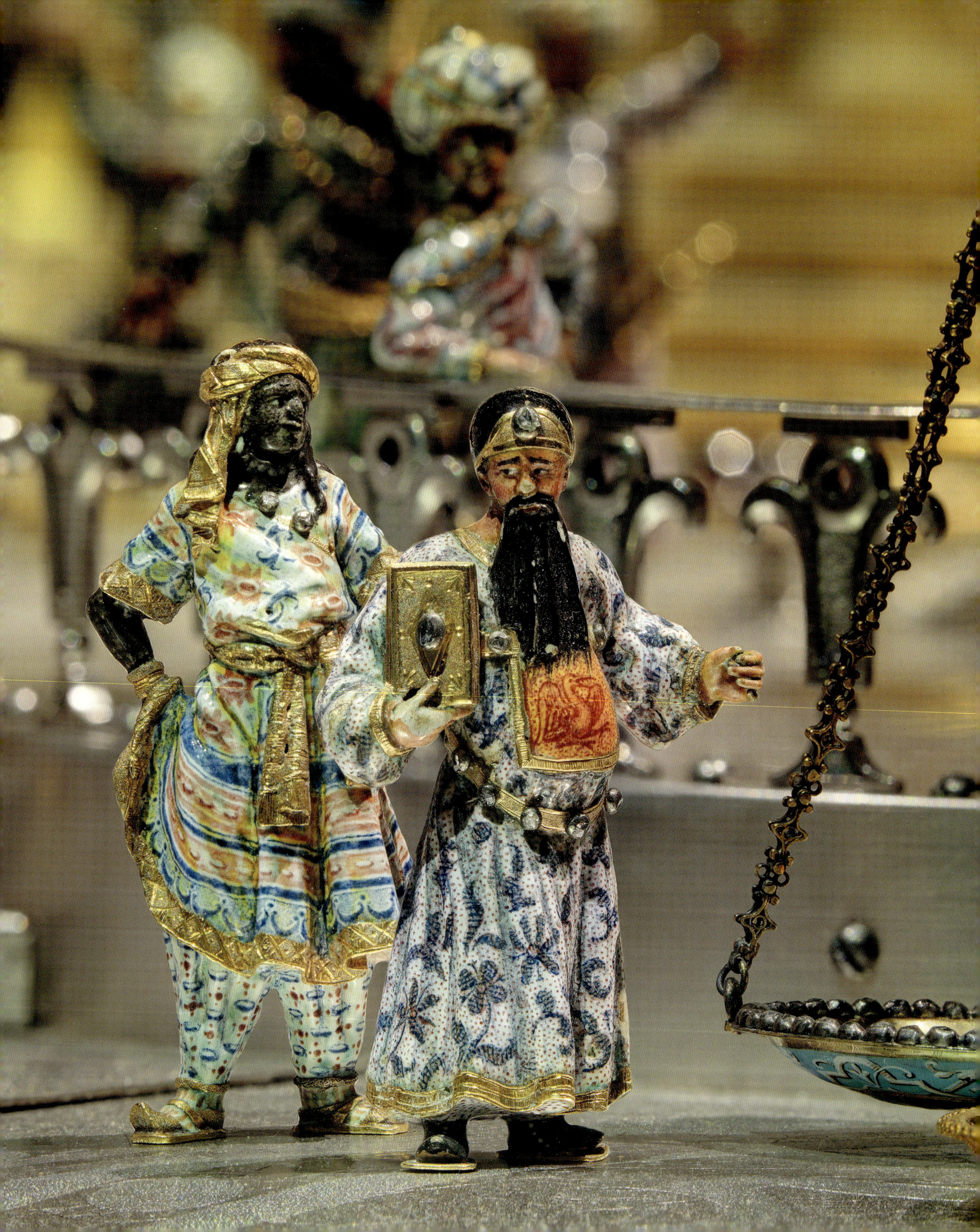

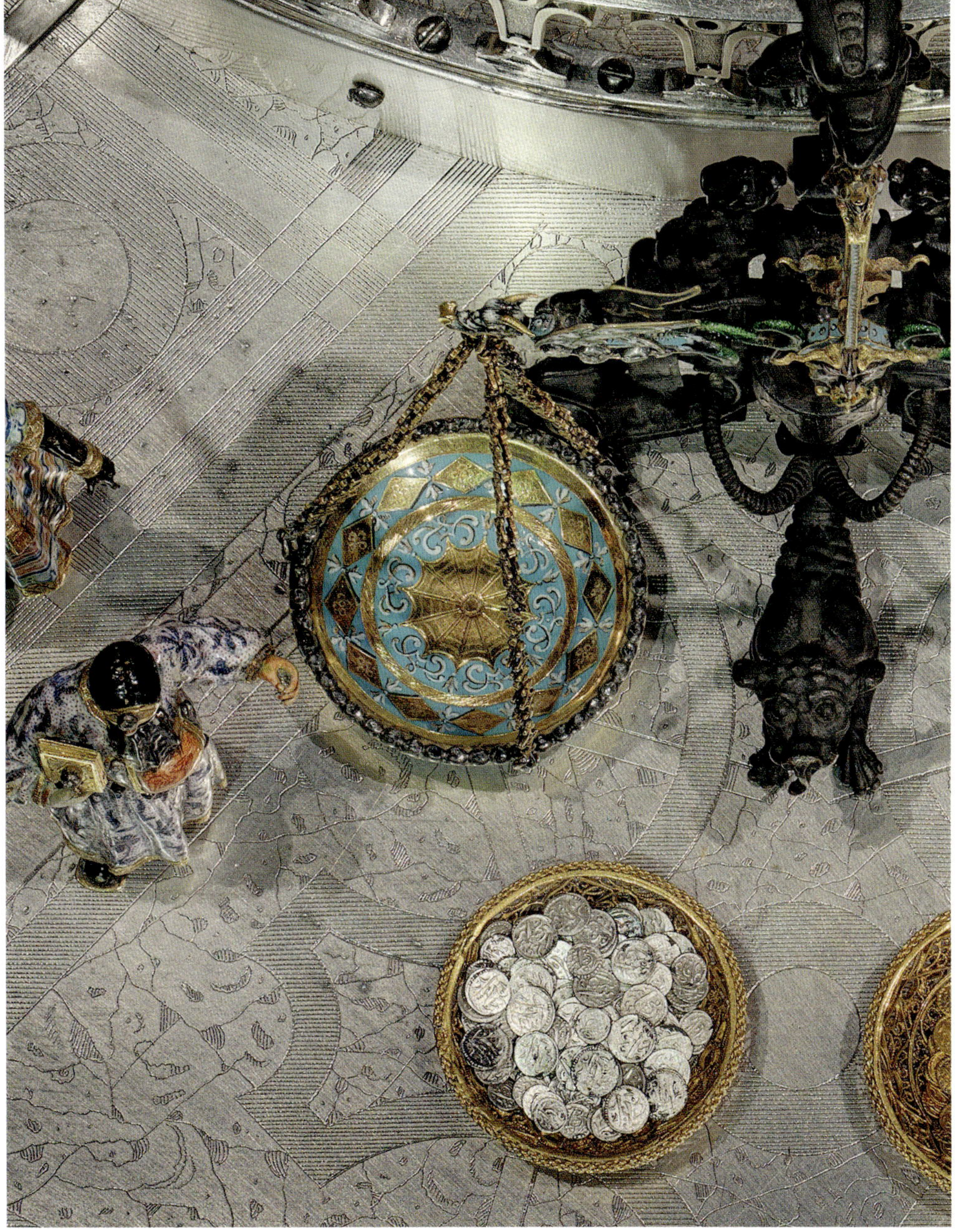

2

Mir Miron, der Herr der Herren.
Er wird begrüßt von Vaikea Neuis, einem Aufseher.

Der Tragsessel des Mir Miron ist eines der besonders fesselnden Details des Geburtstagszuges. Von einem rechteckigen Dach bekrönt, nimmt die Sänfte eine Höhe von 10 cm ein. An dem besonders fein gearbeiteten Prunkmöbel sind subtile Details, feine Goldauflagen und die durchbrochene Rückwand zu bewundern. Auch Mir Miron ist ein chinesischer Fürst. Seine Darstellung wurde durch den Kupferstich eines vornehmen Chinesen angeregt, der sich in der 1674 erschienenen »Dritten Gesandtschaft an den Sinesischen Kaiser« findet. Sechs Bediente begleiten ihn; vier davon tragen ihn auf der Schulter, die anderen tragen verschiedene Insignien. Der Hofbeamte Vaikea Neuis verbeugt sich untertänig vor dem hohen Fürsten.

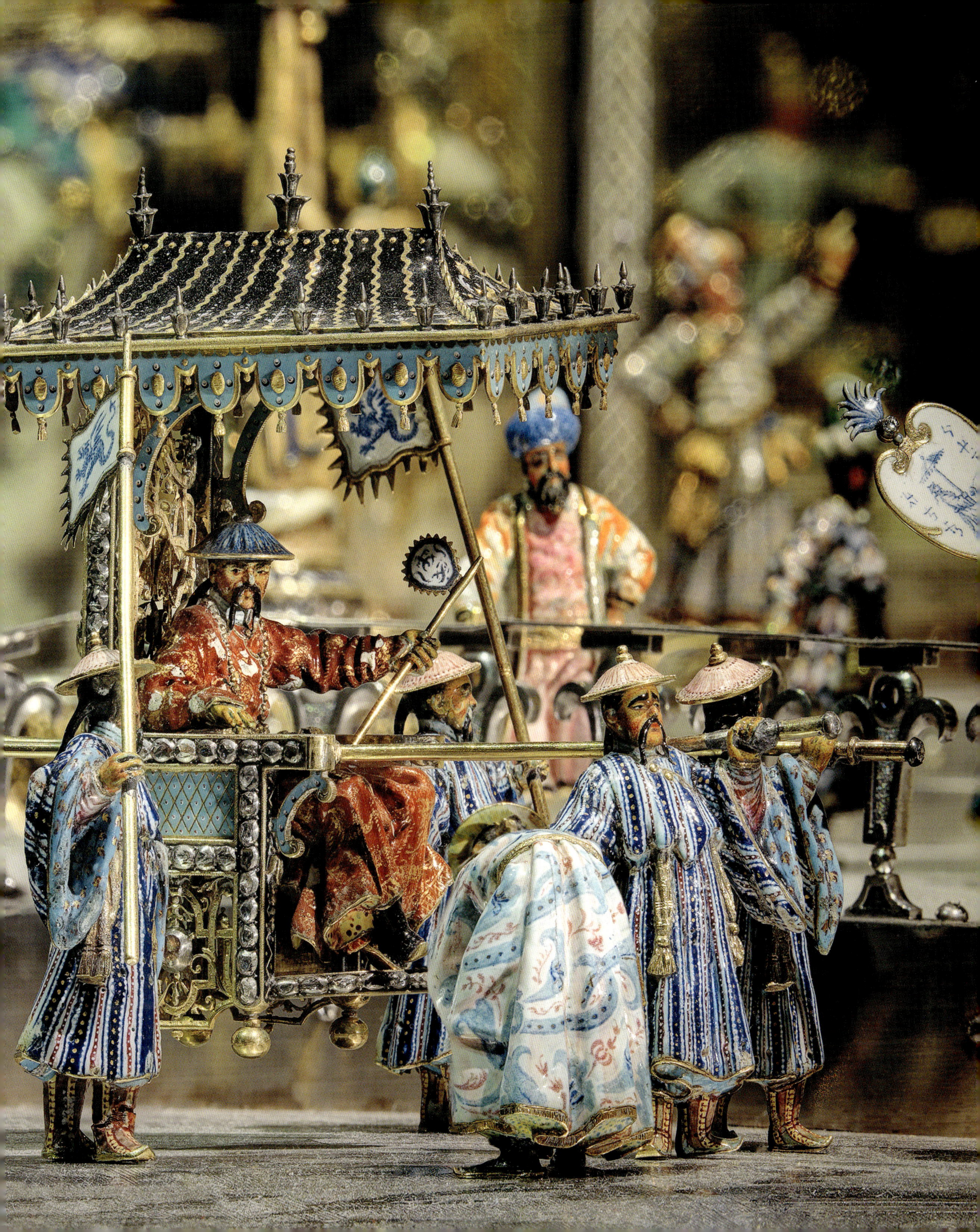

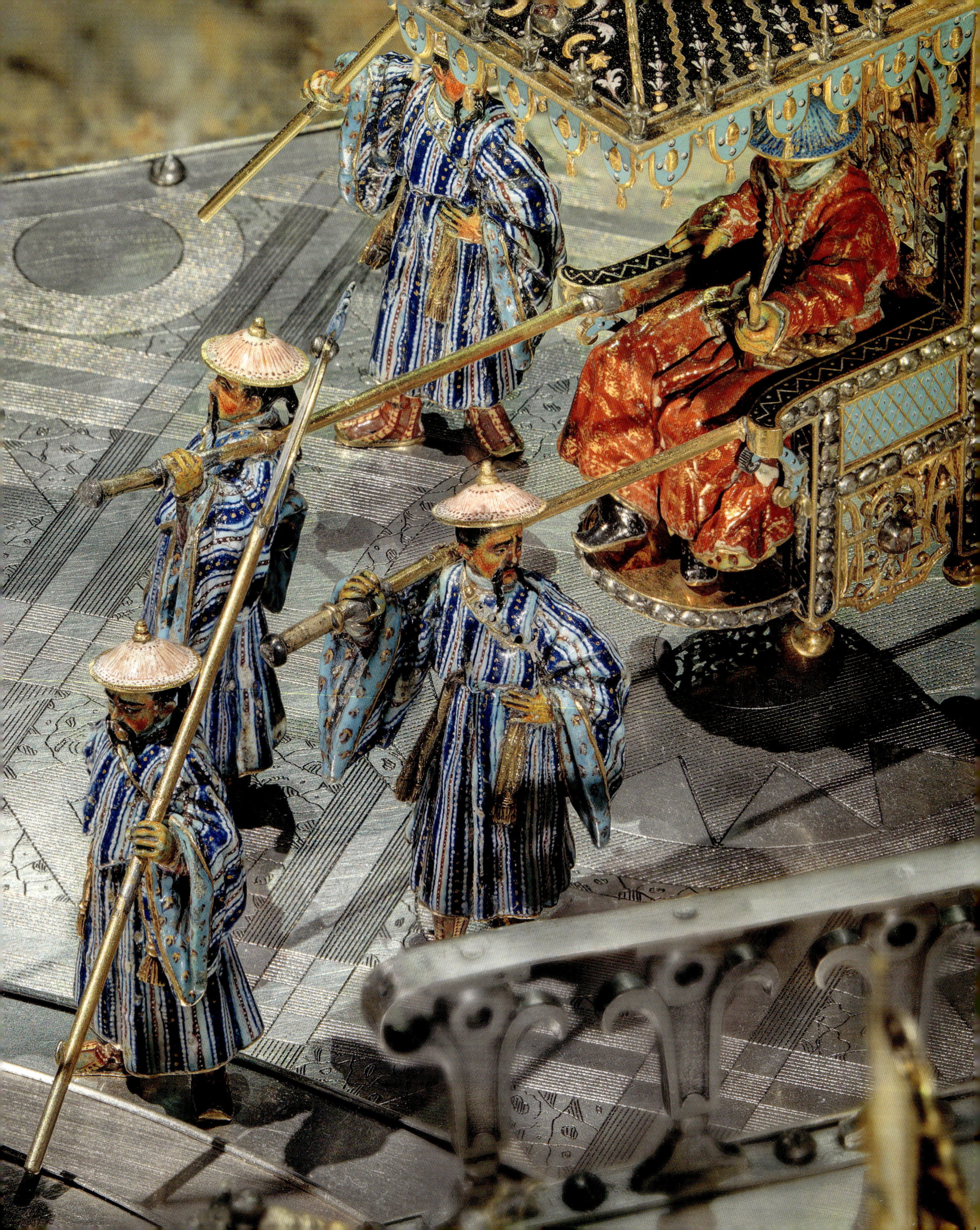

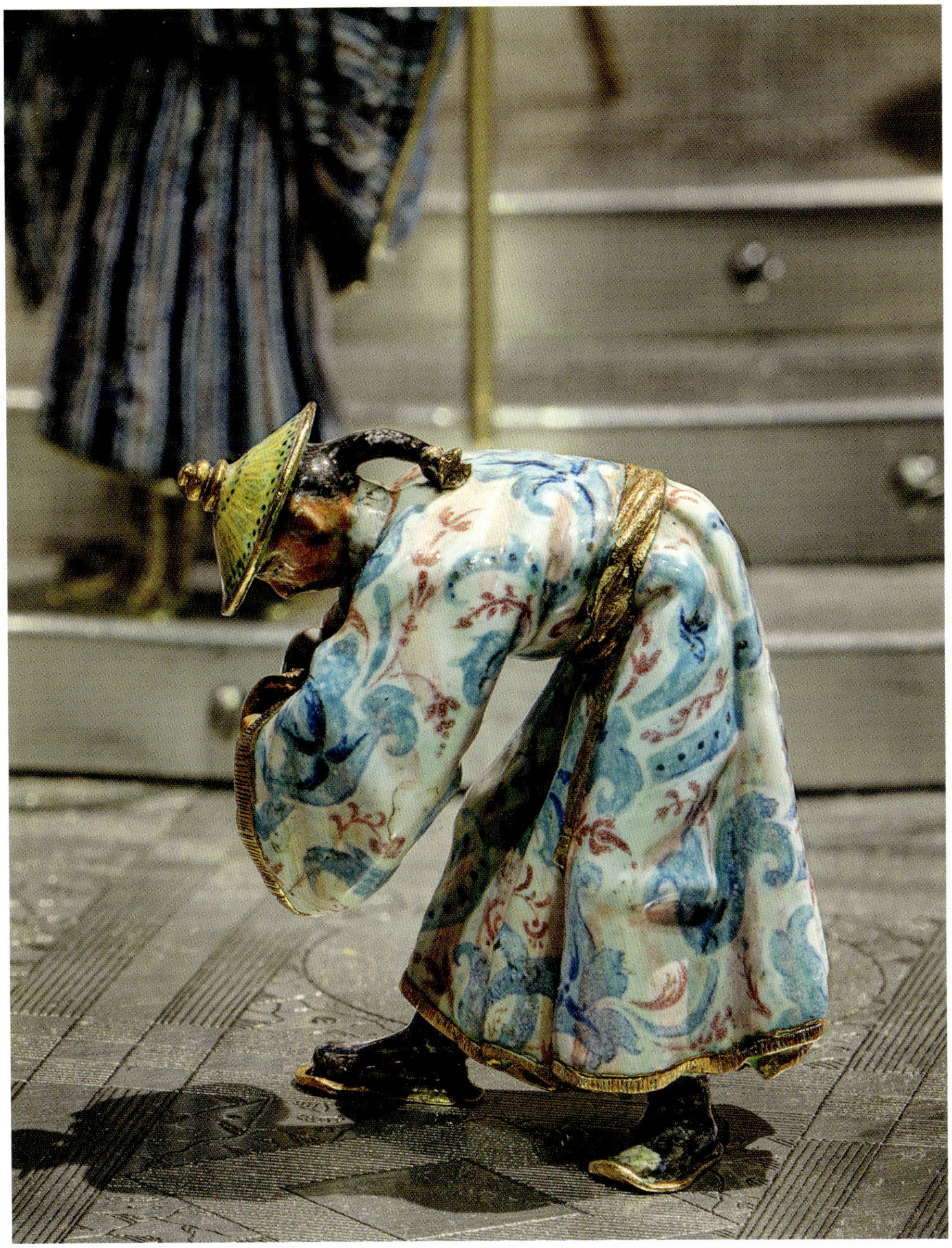

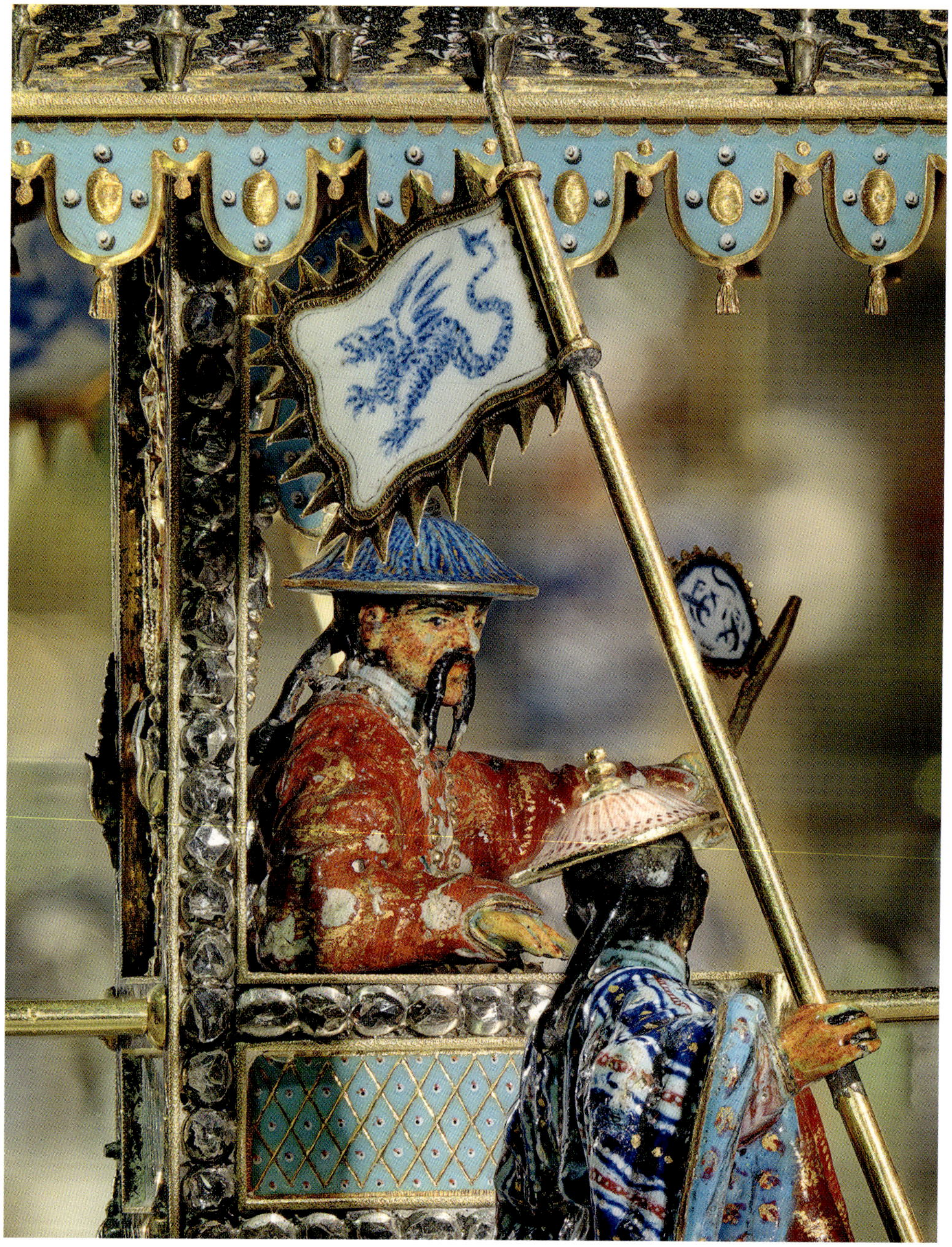

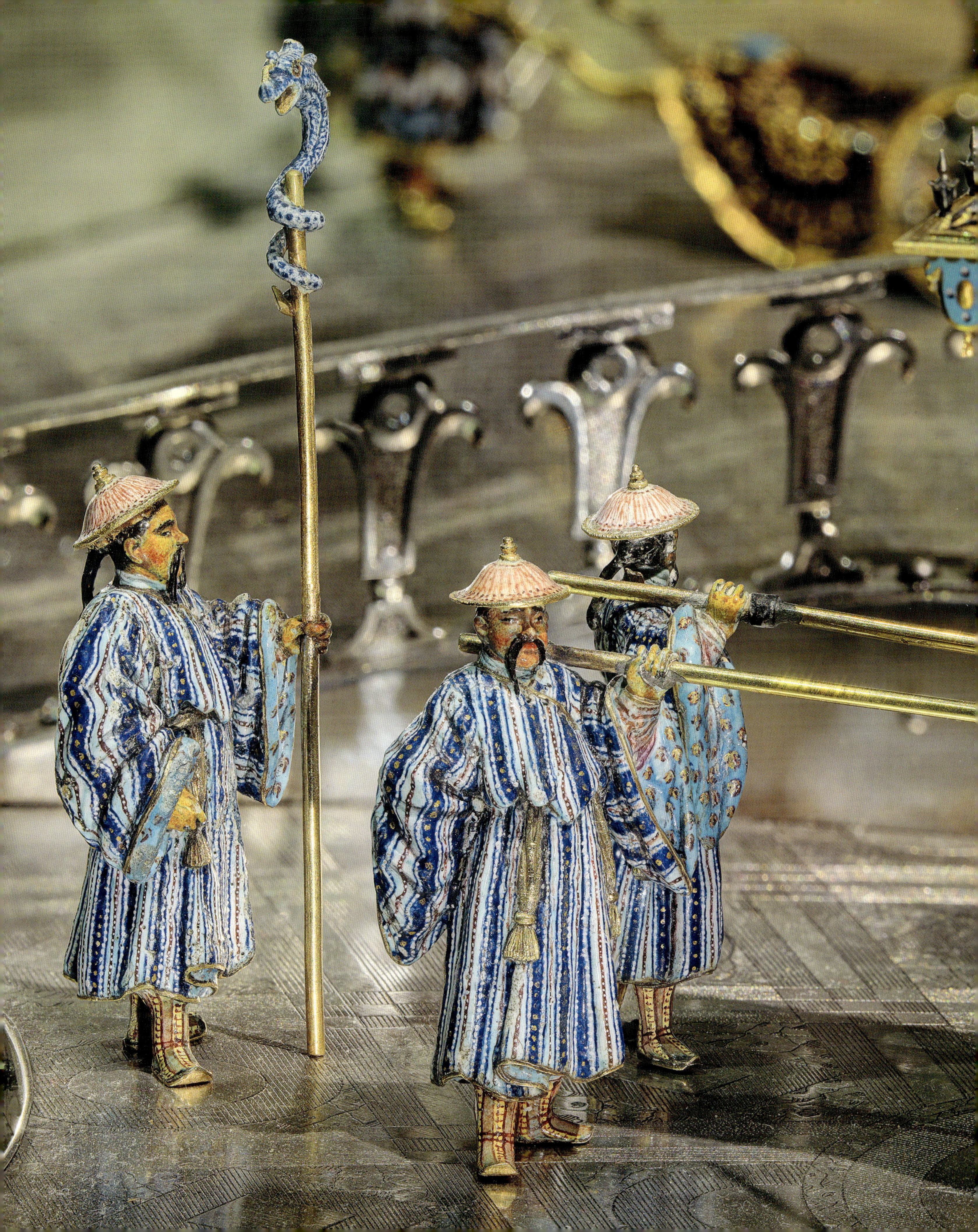

3

Chan Chanon, der Fürst der Fürsten. Er wird begrüßt von Nahab, einem Herrn über 12000 Pferde.

Vier Bedienstete, deren Figurenhöhe 5,5 cm ausmacht, tragen den purpurroten Tragsessel des hohen Fürsten, zwei weitere den ovalen, rot und golden emaillierten Baldachin, der 15 cm emporragt. Von zwei weiteren Dienern werden ihm eine Tafel nach- und sein mit einem goldenen Drachen geschmücktes Wappen vorangetragen. Der höchste Baldachin der Szenerie, die rotgoldene Sänfte, das prunkvolle Wappen und die Kopfbedeckung, die der Krone des Großmoguls ähnelt, deuten auf den hohen Rang des Fürsten der Fürsten hin. Der höchste Würdenträger des Reiches, von Dinglinger beschrieben als ein würdevoller, bärtiger Chinese, folgt in seinem Rang direkt dem Großmogul. Nahab, vor der Balustrade stehend, erweist dem Fürsten seine Reverenz. Sein Diener hat in Ehrerbietung vor dem mächtigen Fürsten den kleinen Baldachin des Nahab zusammengefaltet.

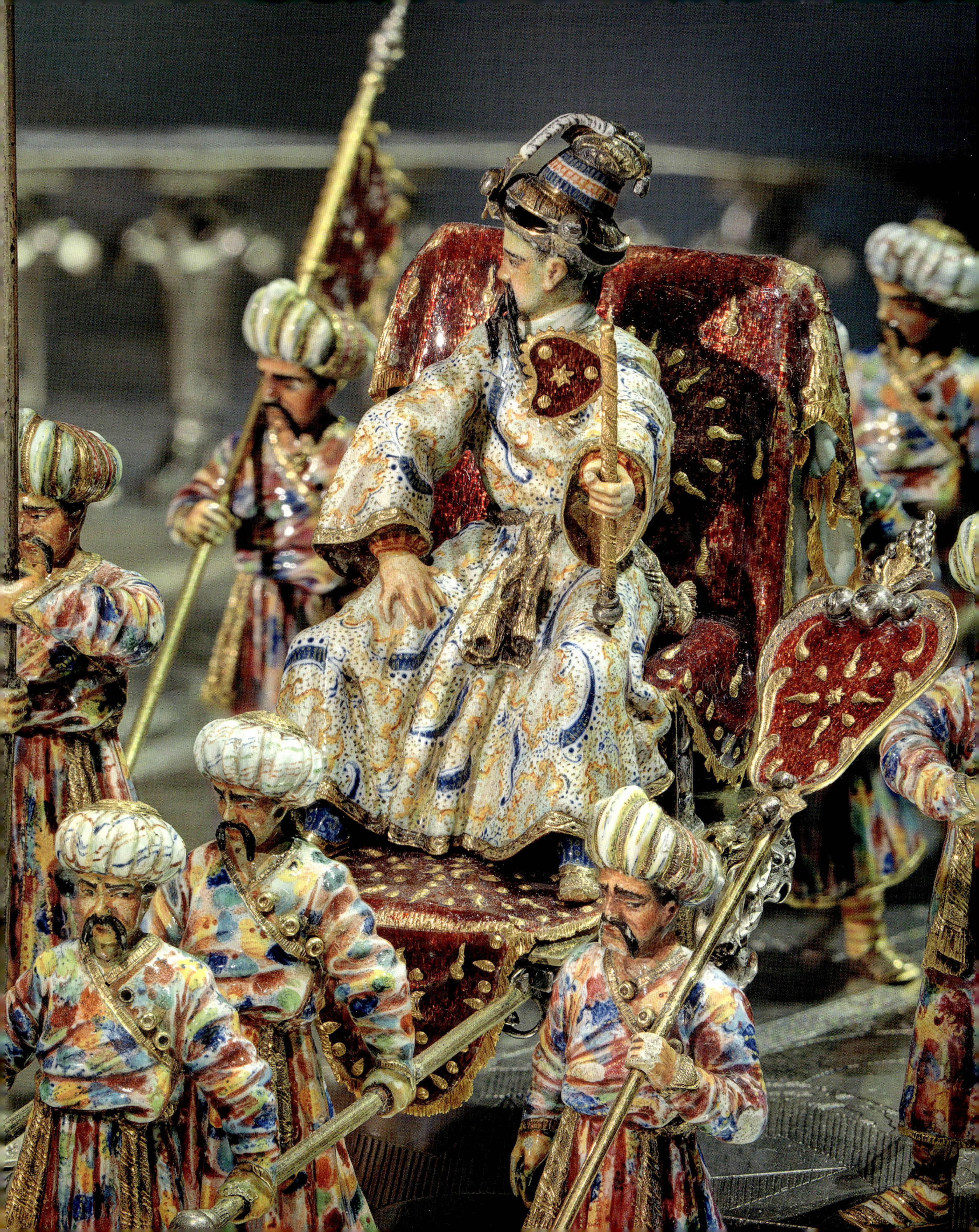

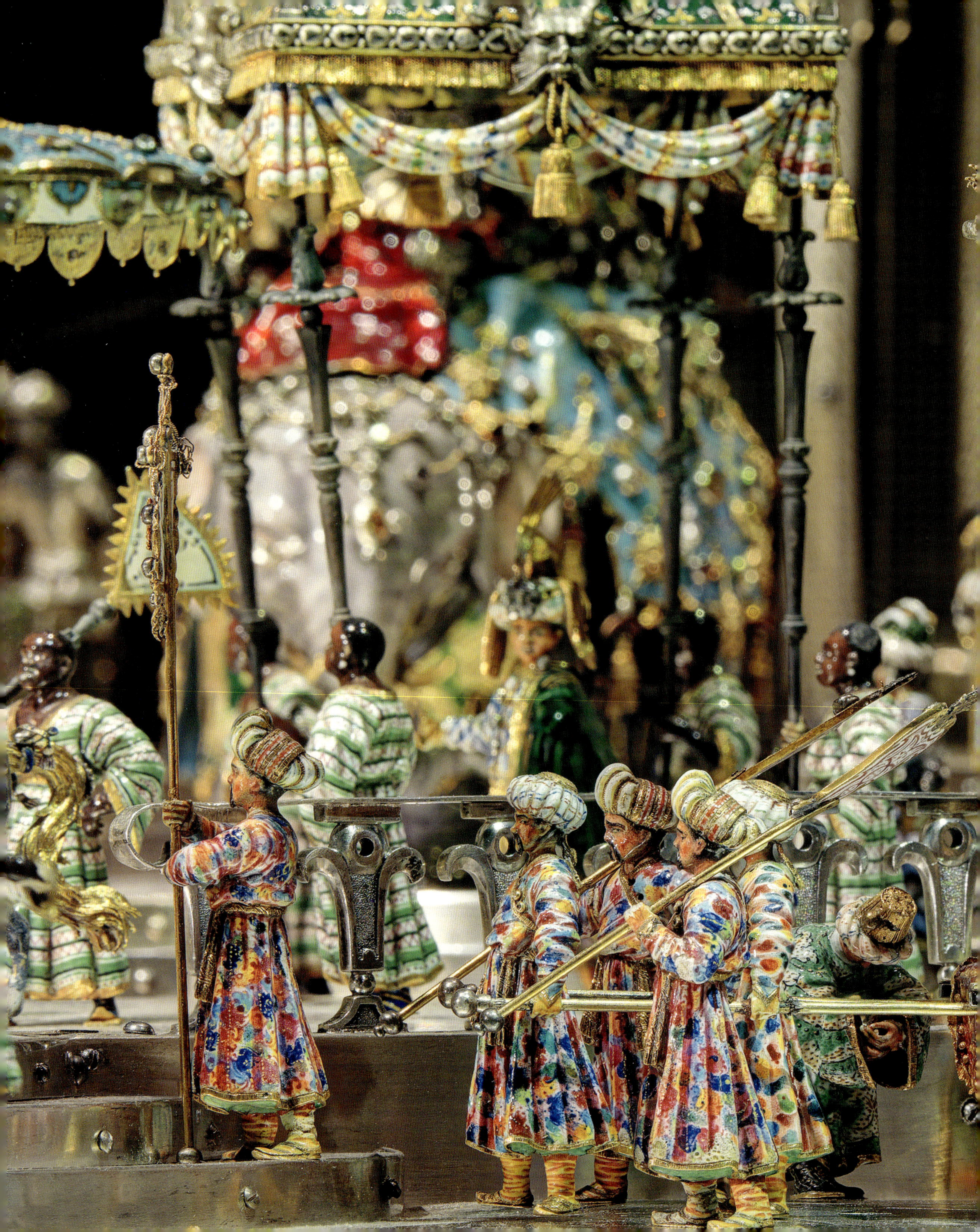

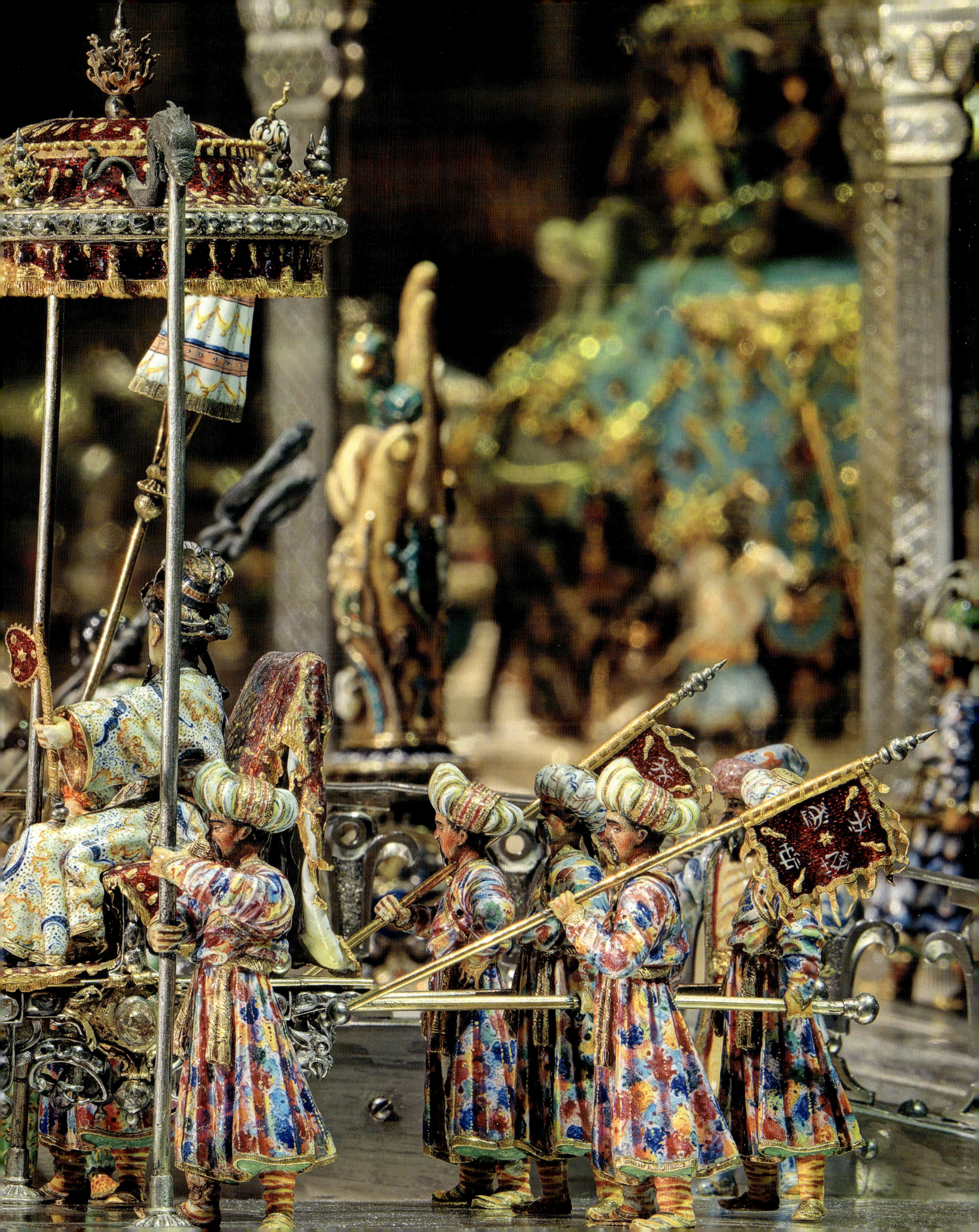

4

Fontäne mit Becken, Geschenk des Chan Chanon.

Die 12,5 cm hohe Fontäne oder Wasservase mit Becken gehört zu den kostbarsten Geschenken innerhalb der Szene. Das Ensemble besteht aus drei Teilen und trägt gemeinsam mit dem Becken auf allen Seiten unglaublich fein gemalte Ornamente und Darstellungen. Themen sind das ruhige, sowie das stürmische Meer und Szenen aus der Mythologie, die auf ein Stichwerk von Joachim Sandrart zurückgehen. Höfische Prunkgeräte dieser Art, zumeist aus vergoldetem Silber gefertigt, gehörten zu Beginn des 18. Jahrhunderts in jeden fürstlichen Schatz.

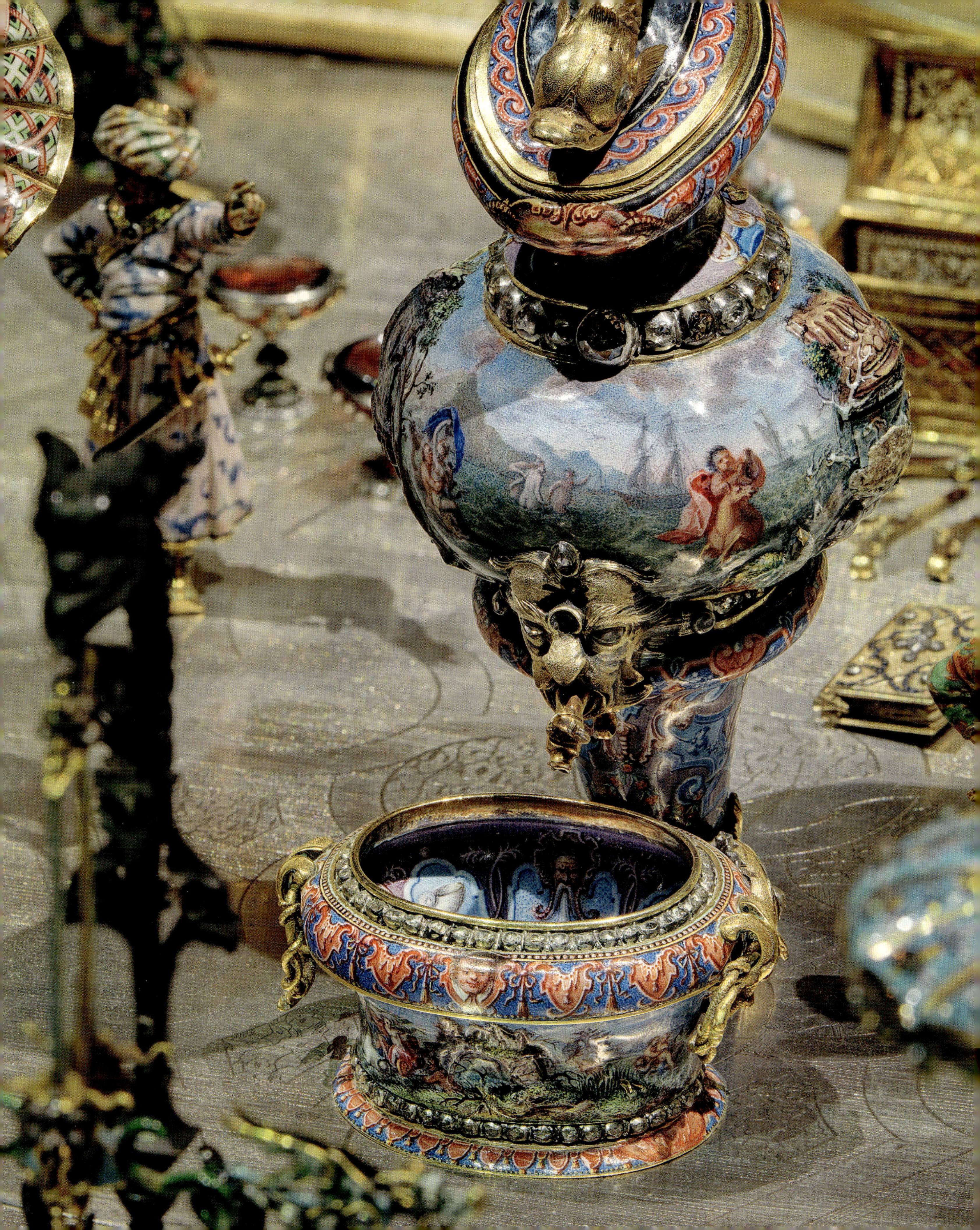

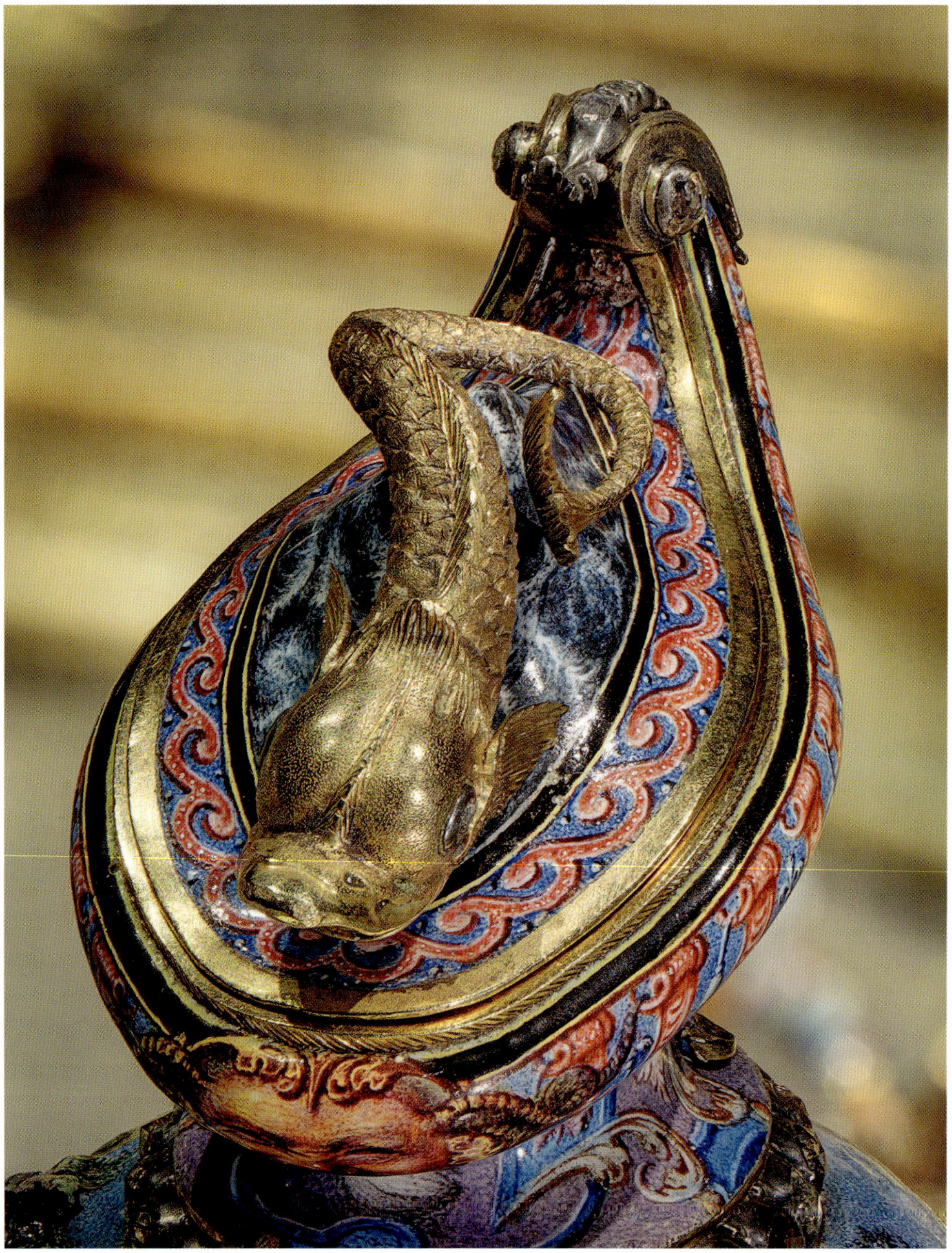

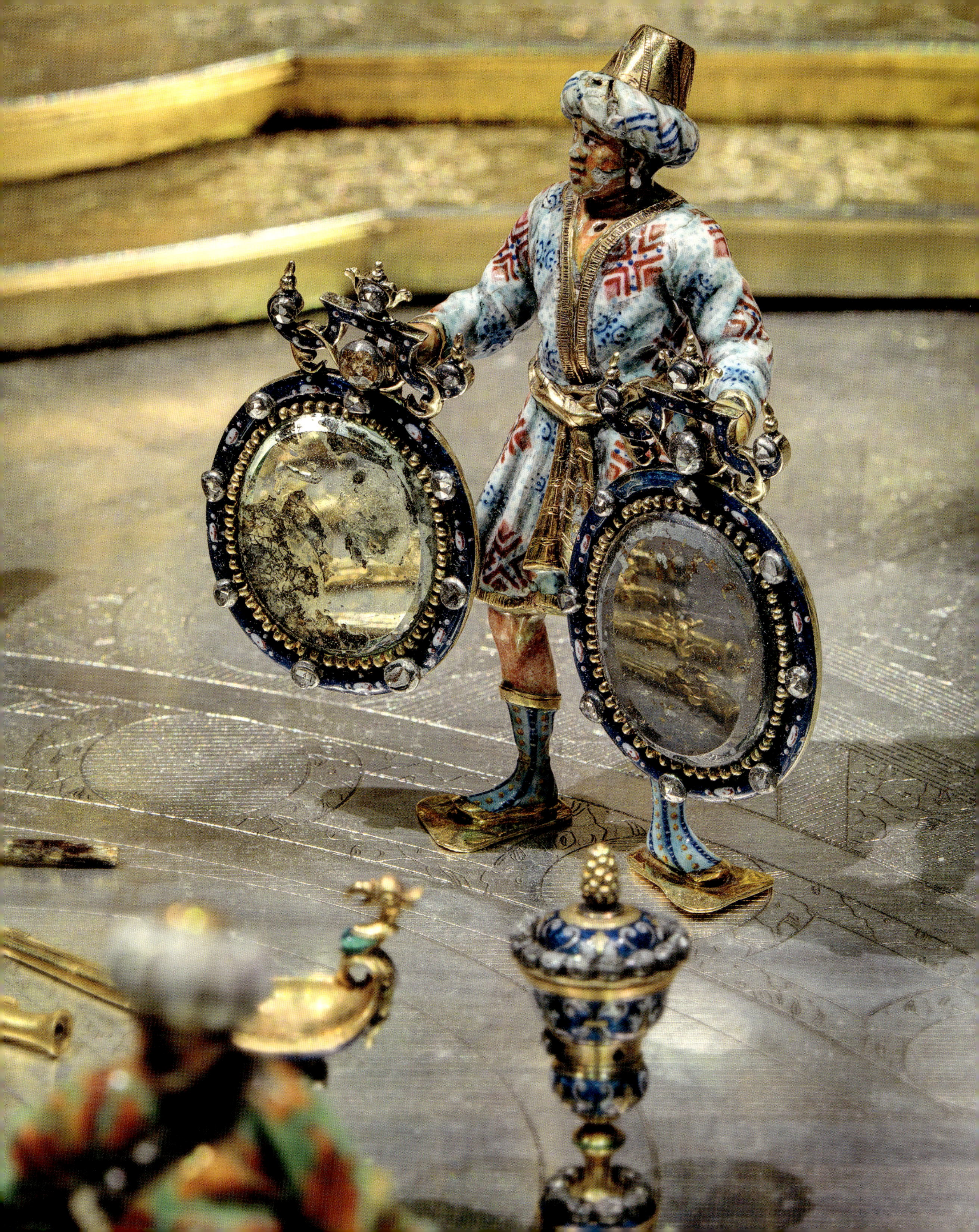

5

Der Primo Vezir oder Reichskanzler.

Der Primo Vezier erscheint zu Fuß unter einem von zwei Dienern gehaltenen, mit Violett und Gold emaillierten Baldachin, auf dem ein Papagei balanciert. Dinglinger schildert den gestrengen Beamten als Orientalen, umgeben von seiner umfangreichen Dienerschaft, bestehend aus Ehrfurcht gebietenden Türken. Sie sind alle in weiß und violett gekleidet, drei tragen die Insignien des Primo Vezir vorweg. Am Beispiel der Figur des Primo Veziers wird die vollendete Durchbildung aller Einzelfiguren sichtbar. Das Gold, aus dem ihr Kern besteht, ist nur an Gewandteilen, die auch in der Realität golden sein könnten, sichtbar. Die miniaturhafte Emailmalerei verleiht der gut 5,5 cm hohen Figur einen fantastischen Reiz. Doch das Besondere in dem kleinen Arrangement ist wohl der kleine Schildträger des Primo Verzier, sein »Kammermohr«, der ihm seinen Schild, der im Glanz von 25 Diamanten erstrahlt, nachträgt. Wohl später angebrachte Plättchen unter den Schuhsohlen verleihen der Figur ihre Standfestigkeit.

Der Primo Vezir überbringt dem Großmogul ein persisch geschmücktes Kamel: überreich ist es mit Schabracken bedeckt, heute noch überzieht ein Schmuck von 247 Diamanten das stolze Tier. Auch zwei 7 cm hohe hieroglyphische Schwurhände gehören zu seinen Geschenken. Dinglinger bezeichnete sie in seinem Traktat als Hände des Attis und des Kekrops, zweier mythischer Gestalten der Antike. Er formte sie mit großer Genauigkeit nach Kupferstichdarstellungen spätantiker Votivhände.

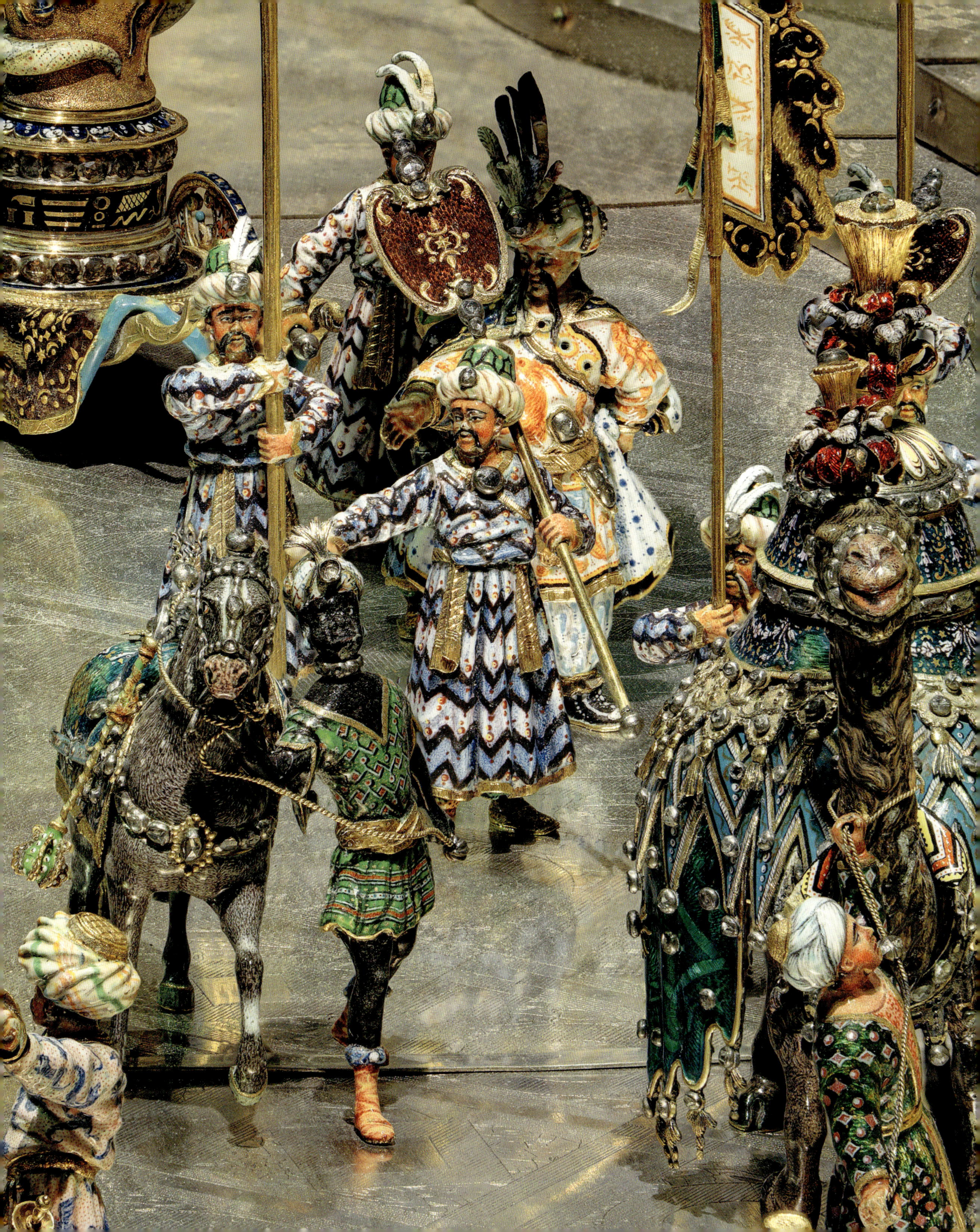

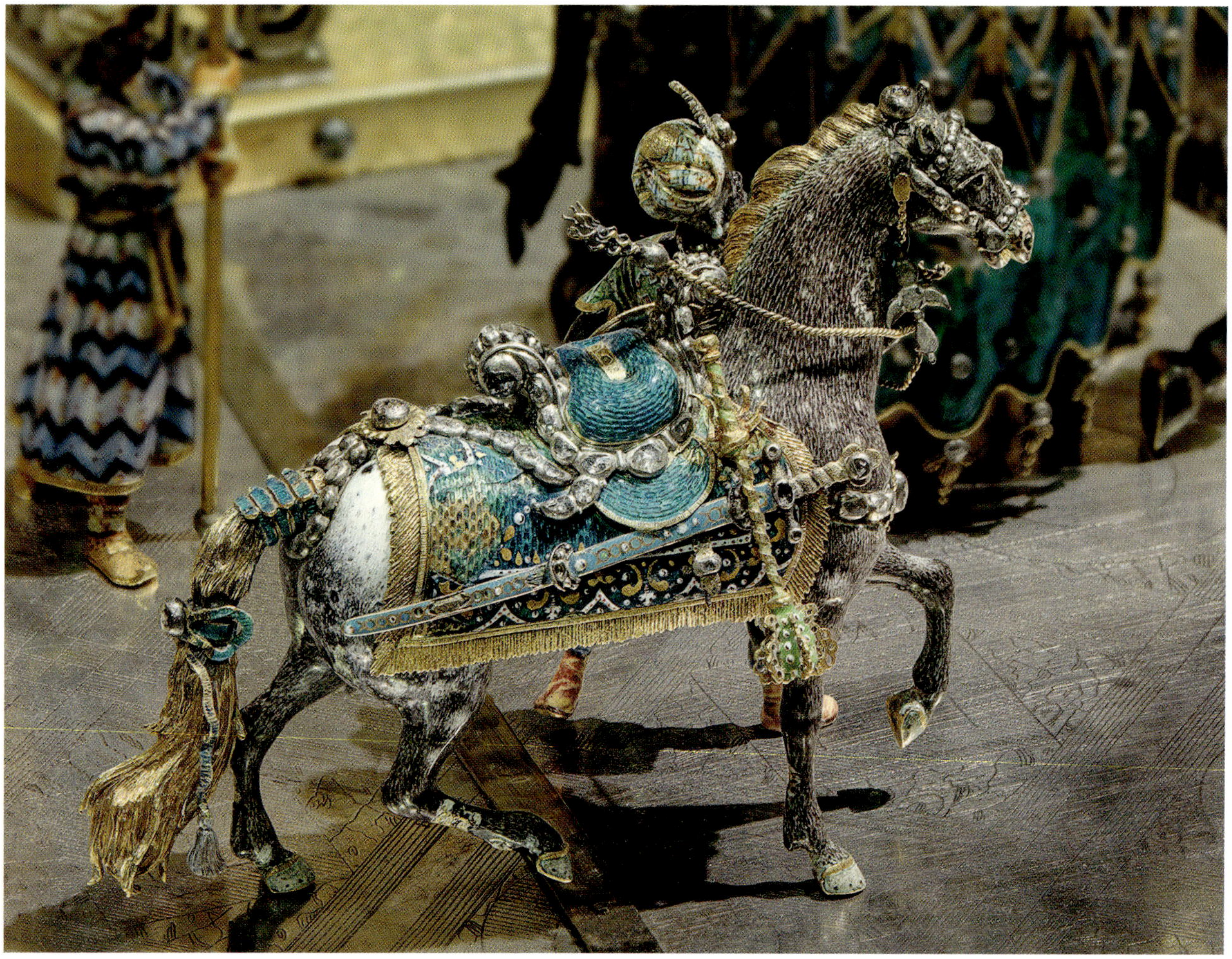

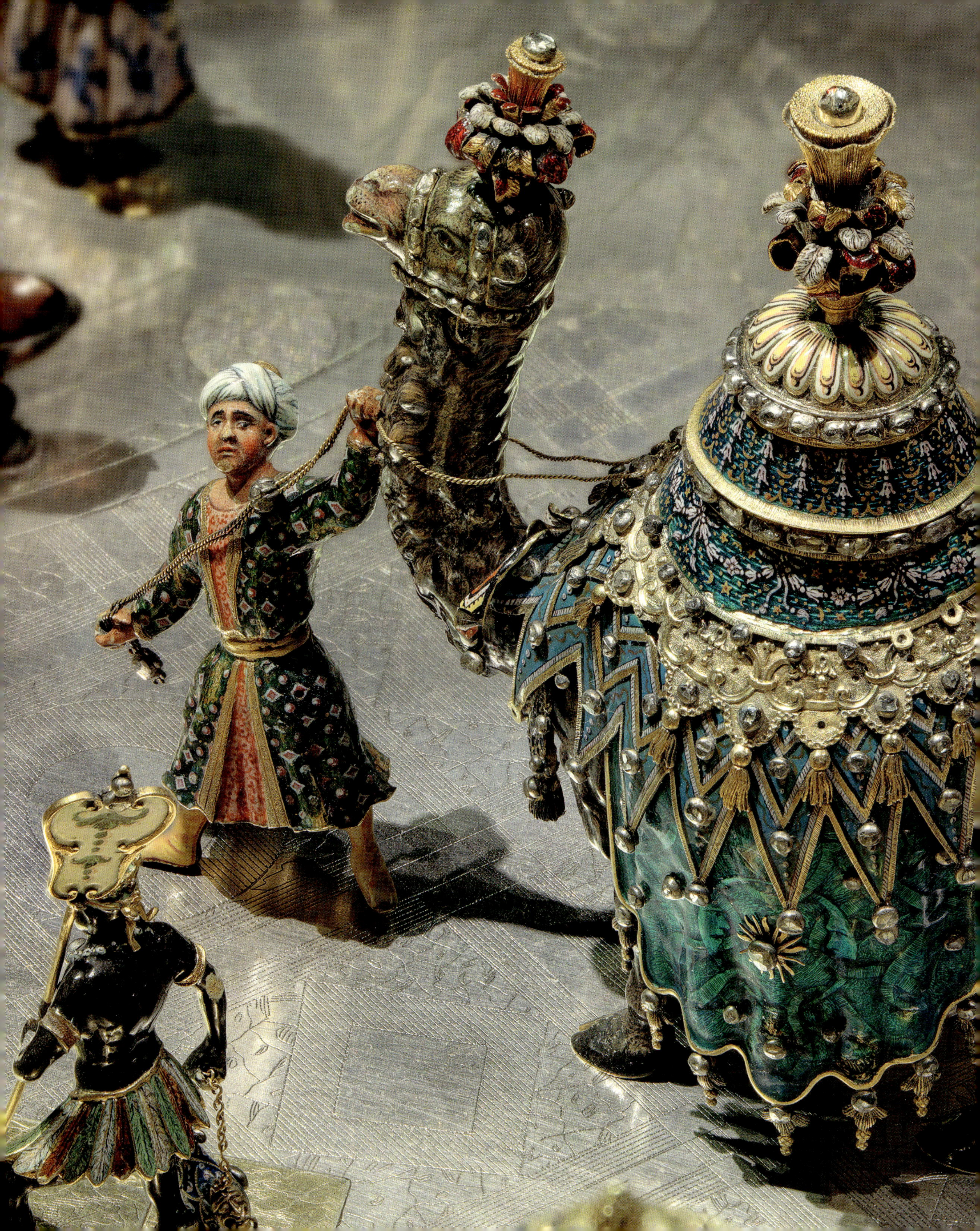

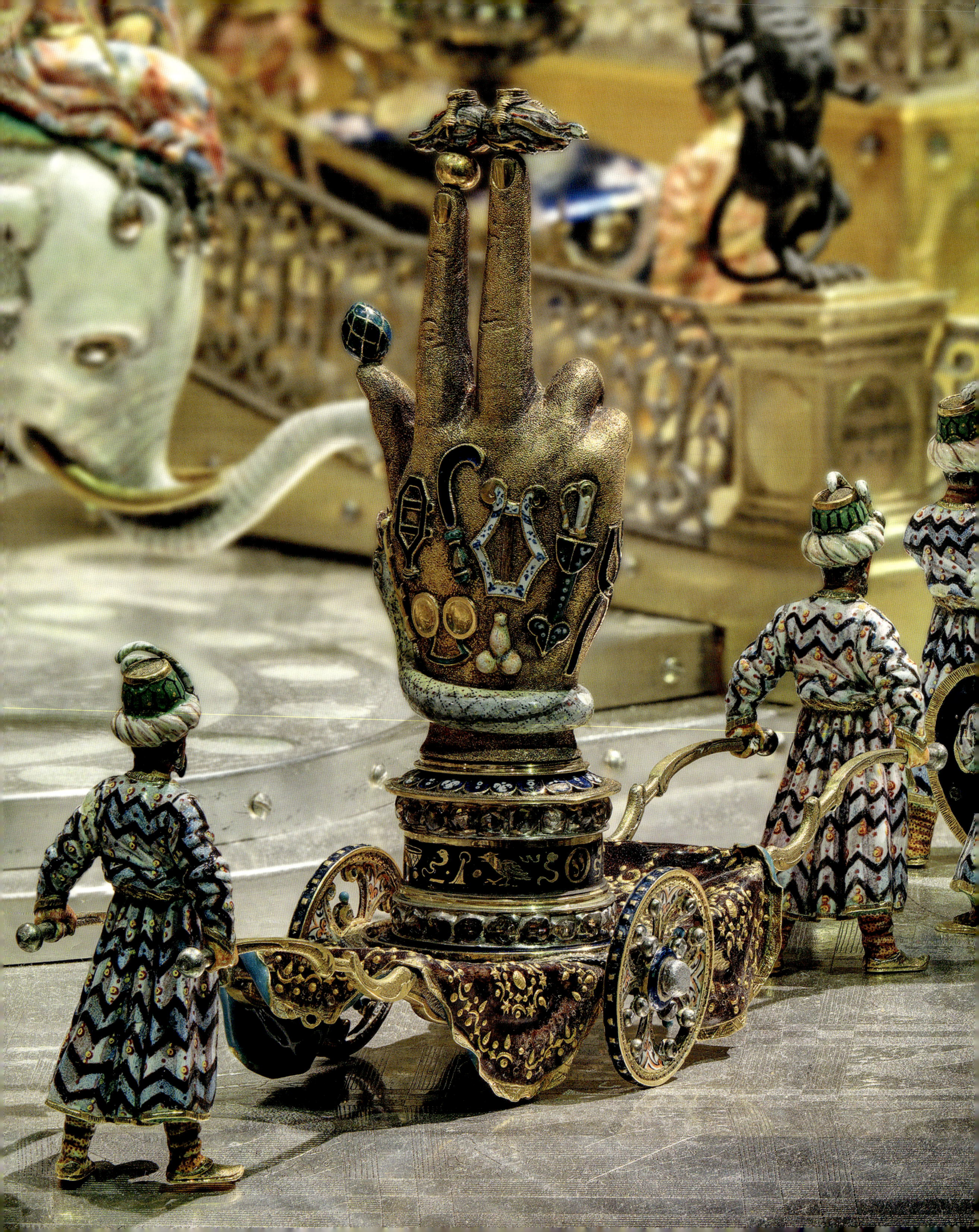

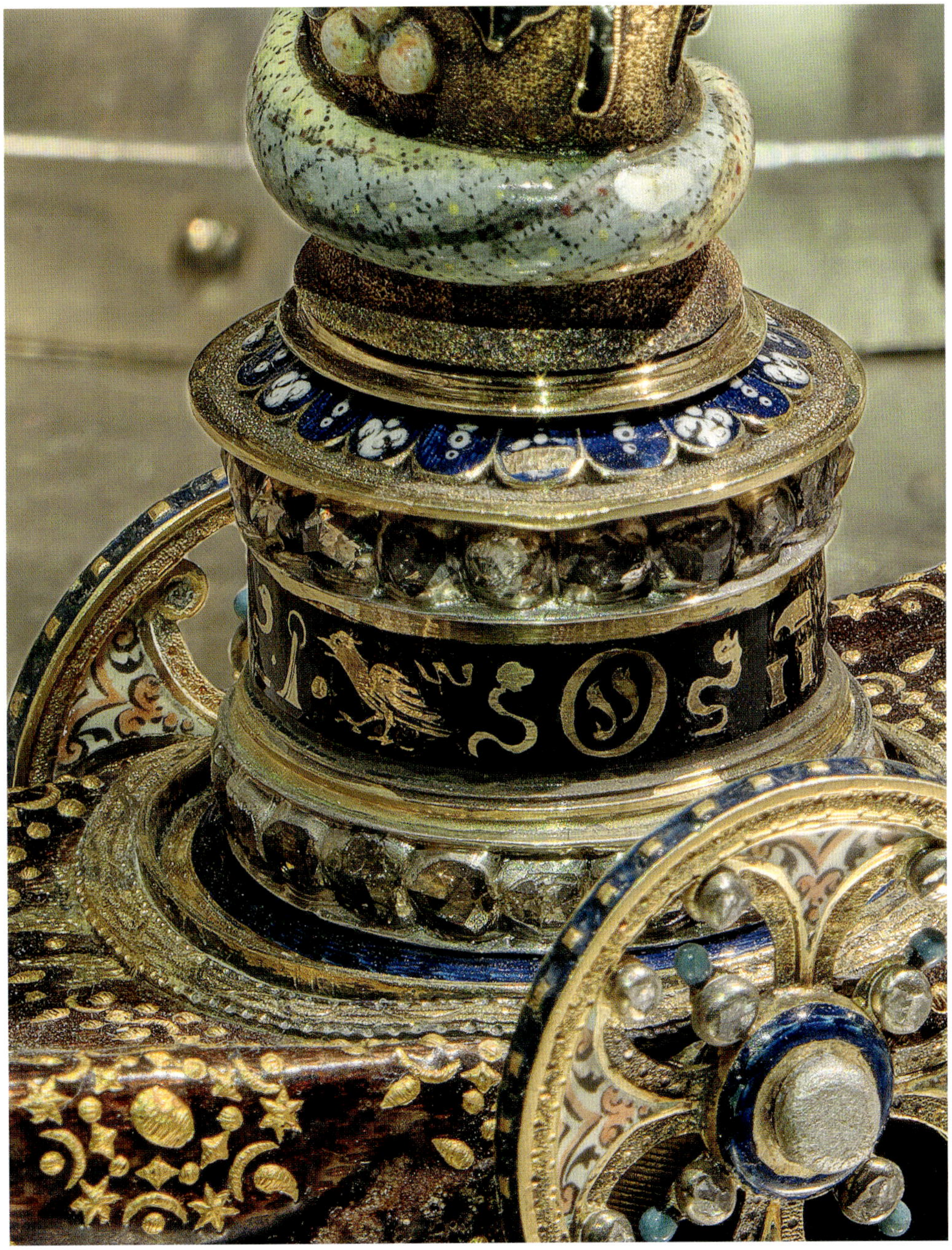

6

Chani Alem, der Fürst des Volkes.

Chani Alem, der Fürst des Volkes, mit jugendlichem, fast europäisch wirkendem Gesicht und prachtvoller Kleidung, nähert sich zu Fuß seinem Herrscher. Seine Dienerschaft besteht aus bewegt gestalteten Schwarzen, alle in weiß und grün gekleidet. Vier tragen seinen grün und golden bordierten Baldachin, einer hält seinen Talar und vier weitere tragen seine Insignien.

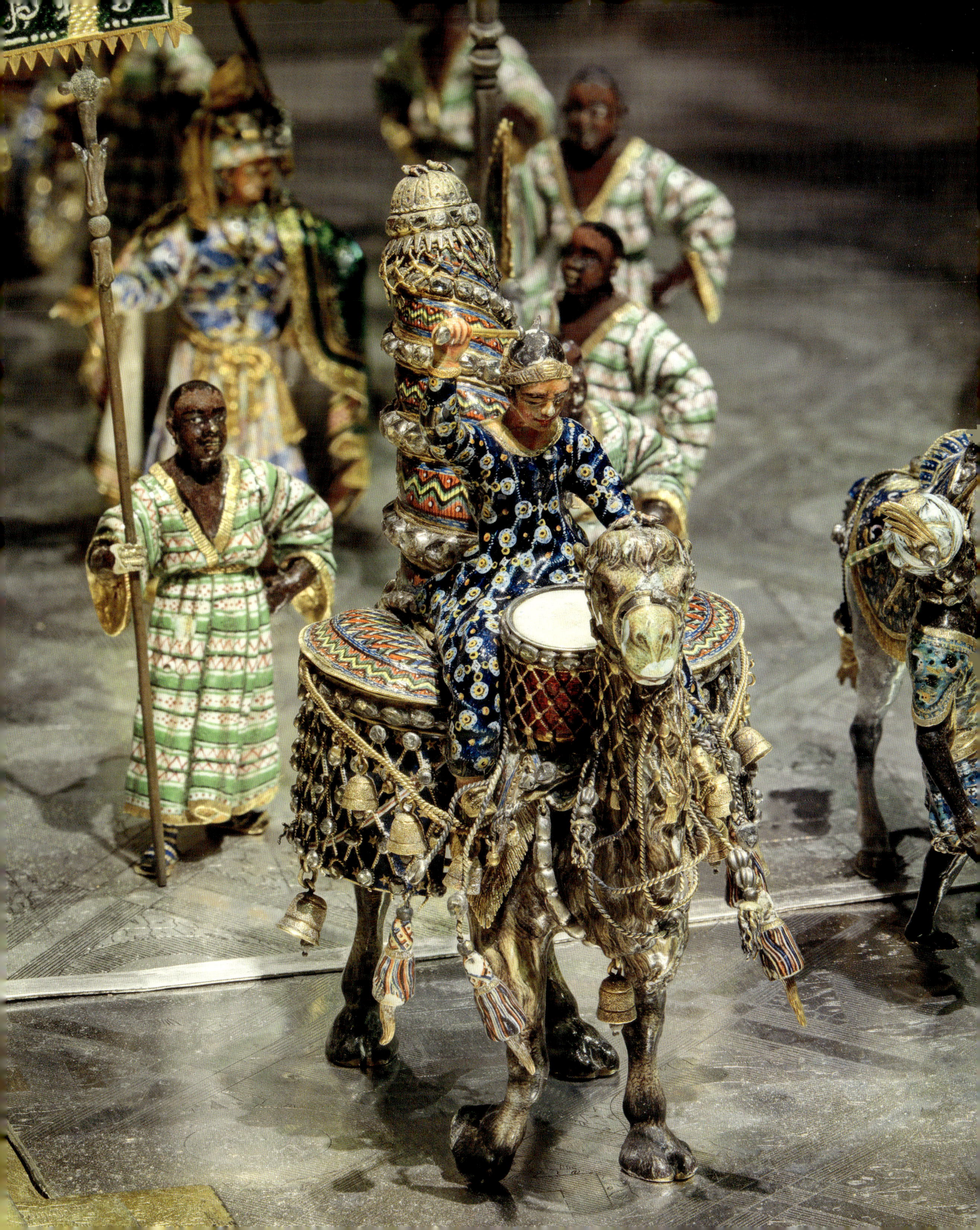

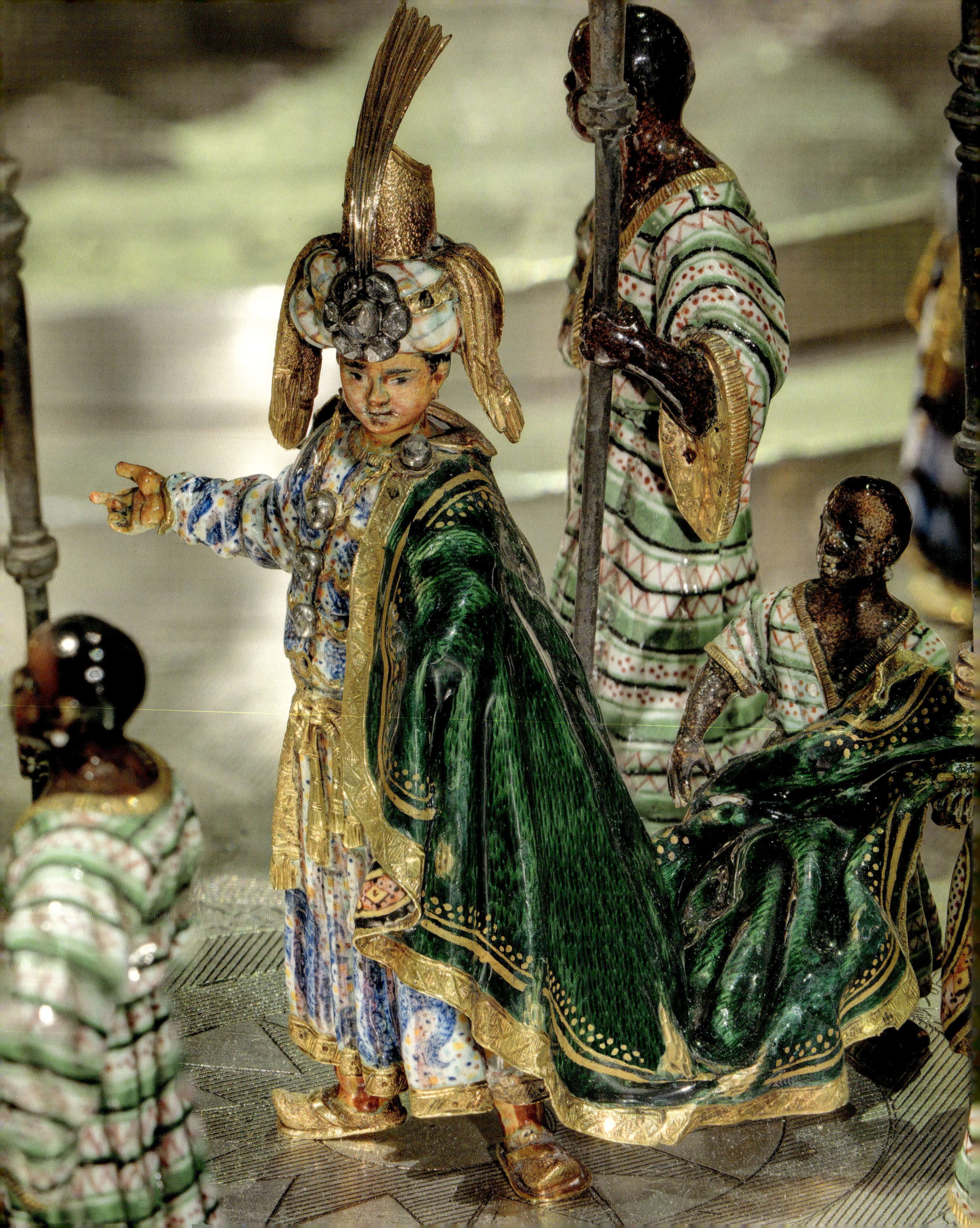

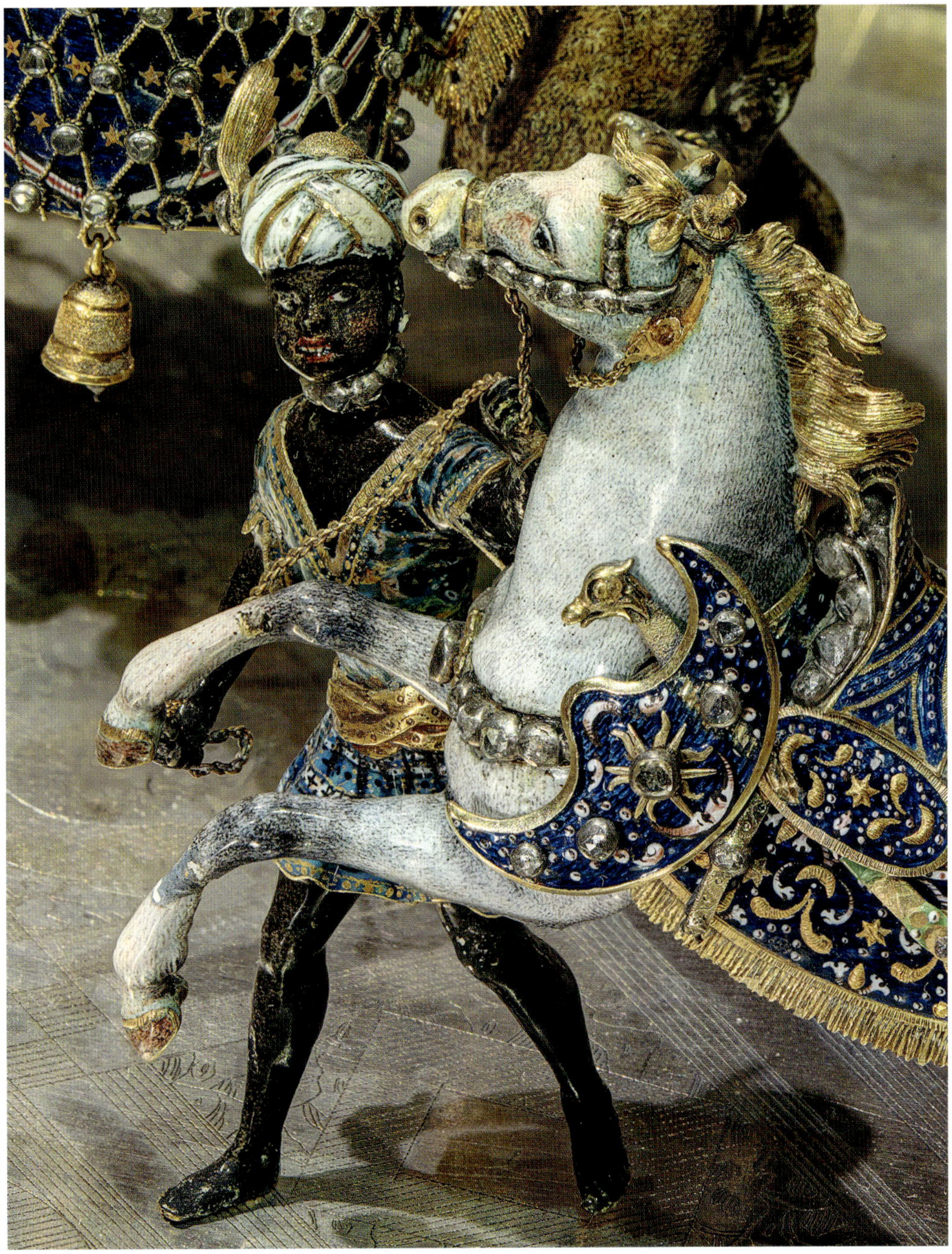

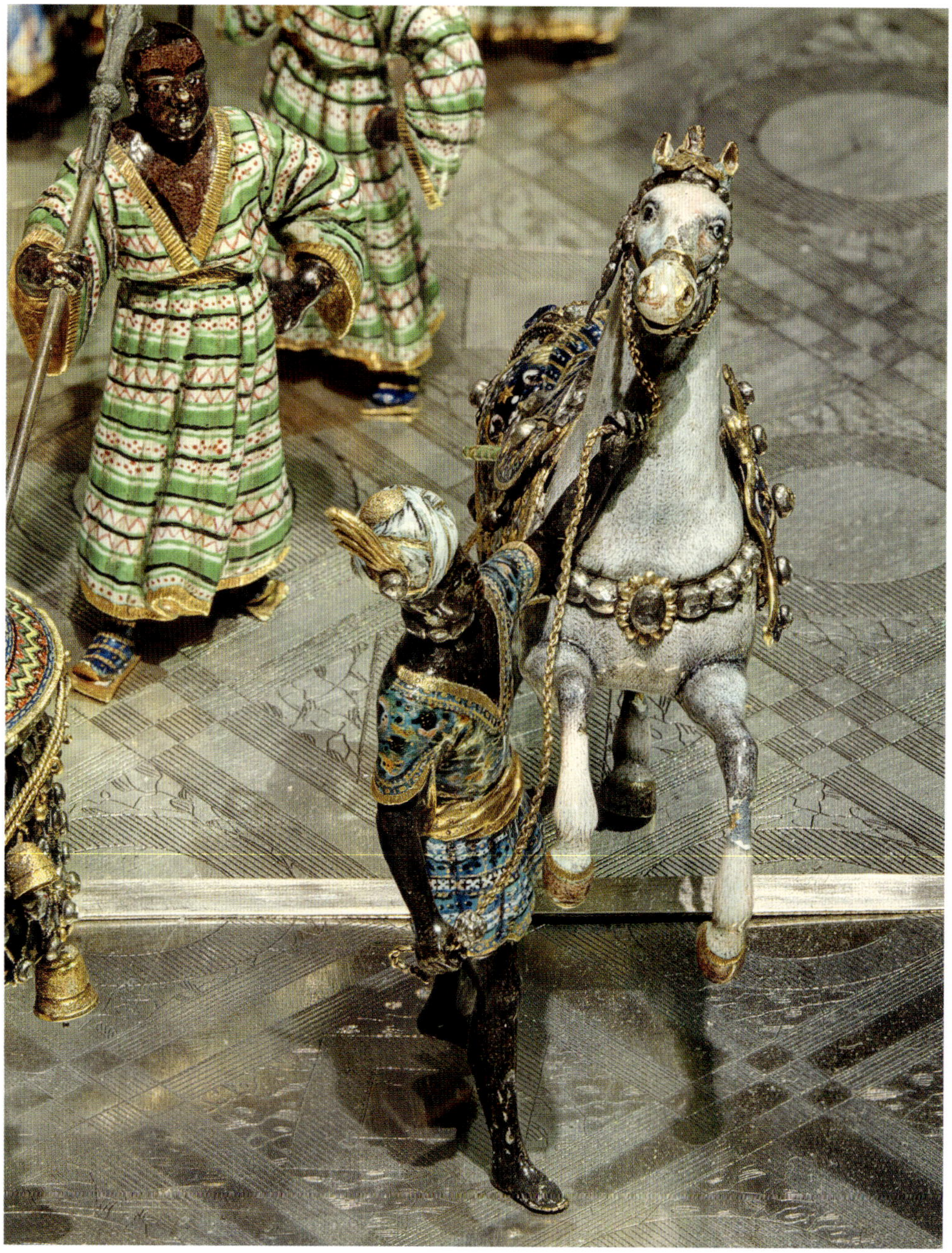

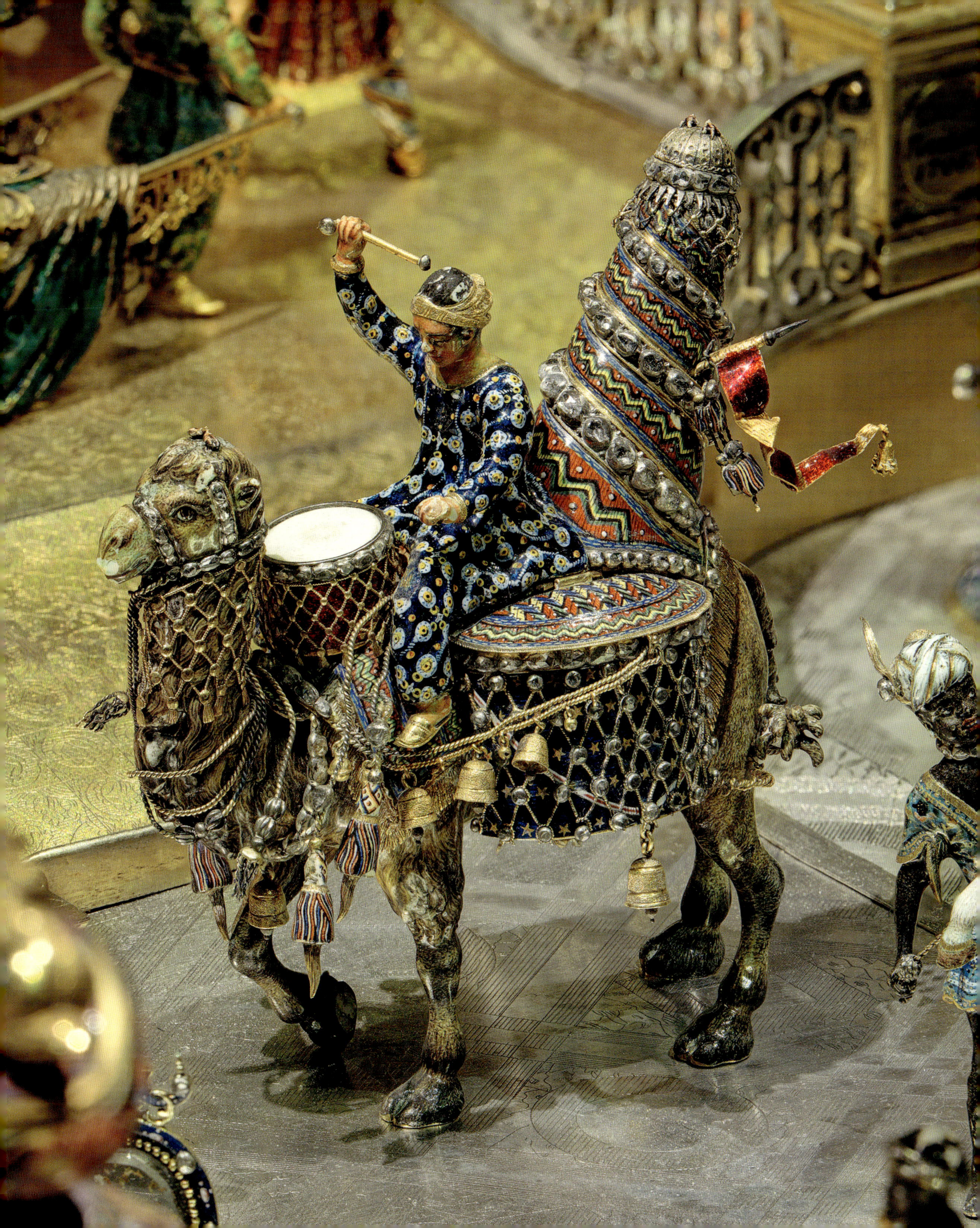

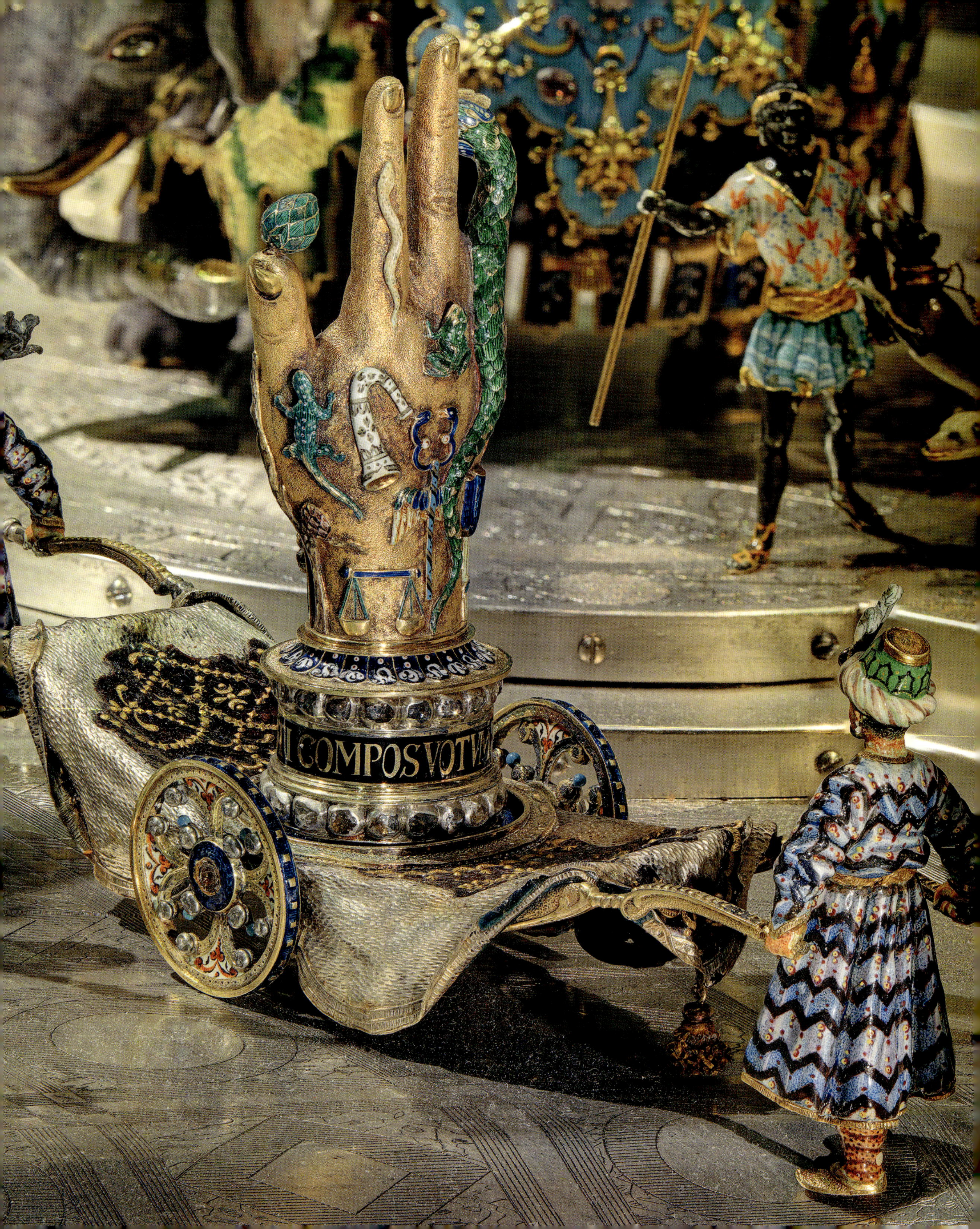
COMPOS

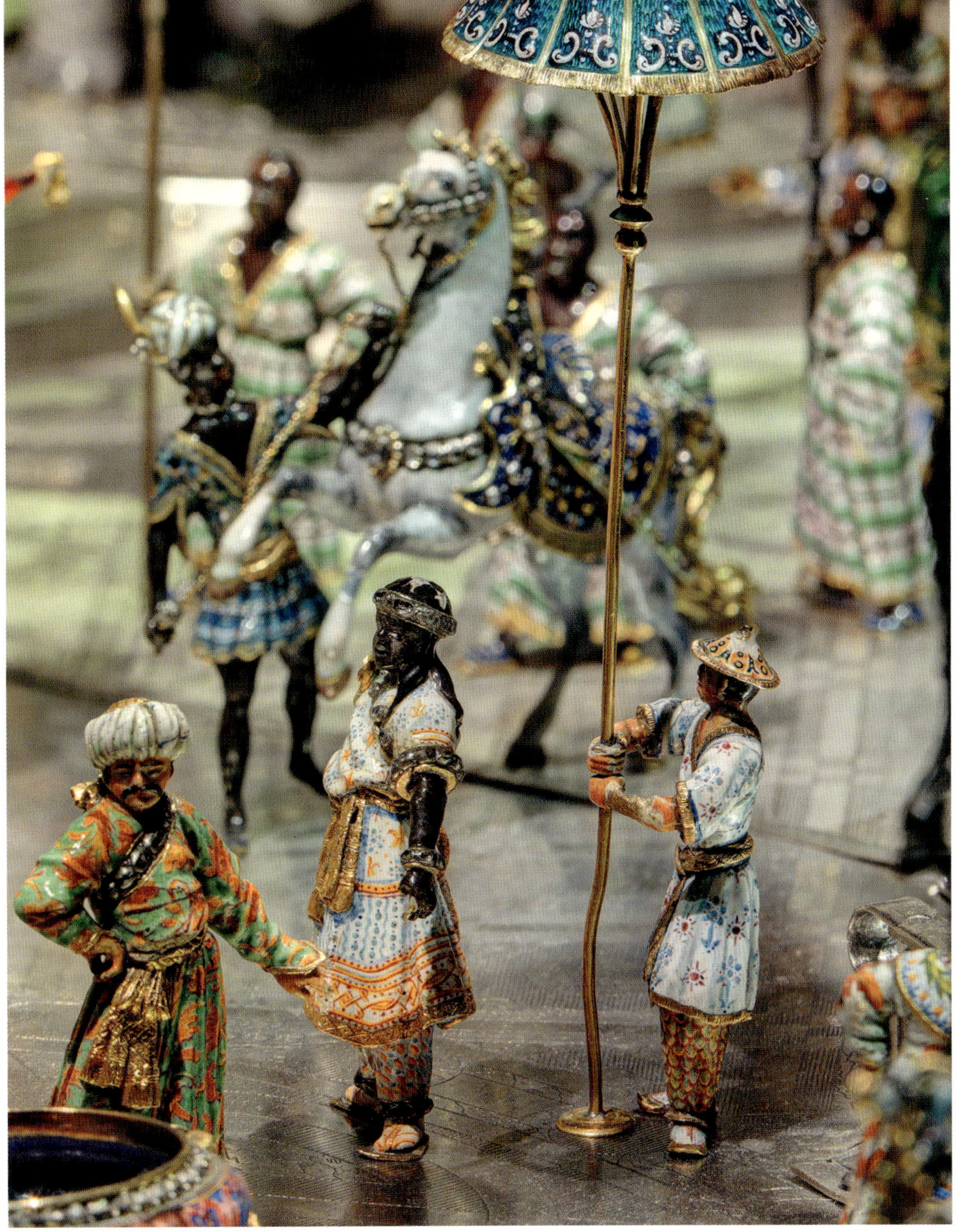

7

Weißer Reiseelefant, Geschenk des Mir Miron.

Mir Miron führt dem Mogul einen weißen Elefanten mit einem prächtigen Baldachin zu. Der 18 cm hohe Elefant ist ein wahrhaft kaiserliches »Reisegefährt«. Die Darstellung des Tieres ist so naturalistisch, dass nicht allein die nuancenreiche Hautfarbe erkennbar wird, sondern auch die Schatten aufgemalt sind, die das Zaumzeug auf seinen Körper wirft.

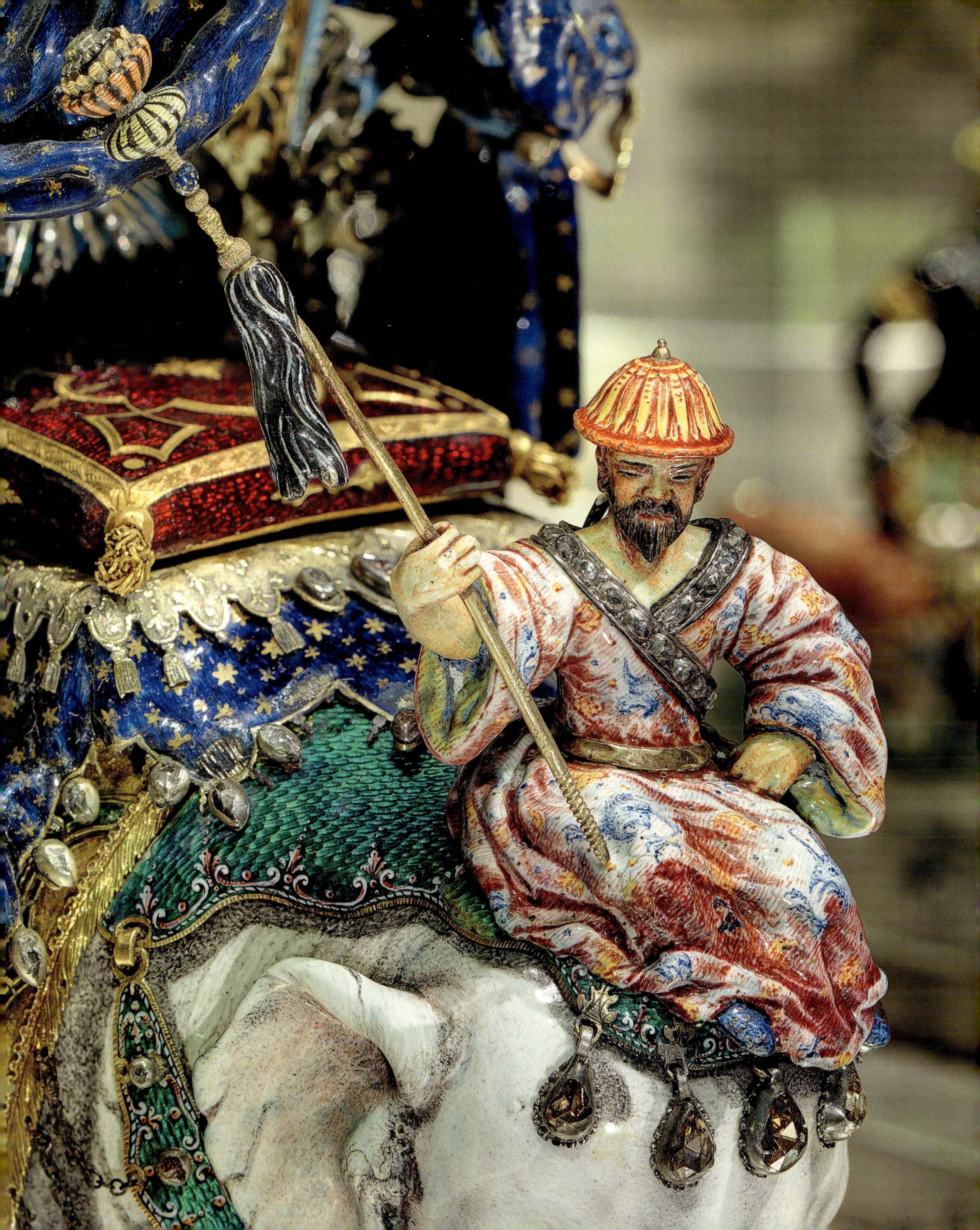

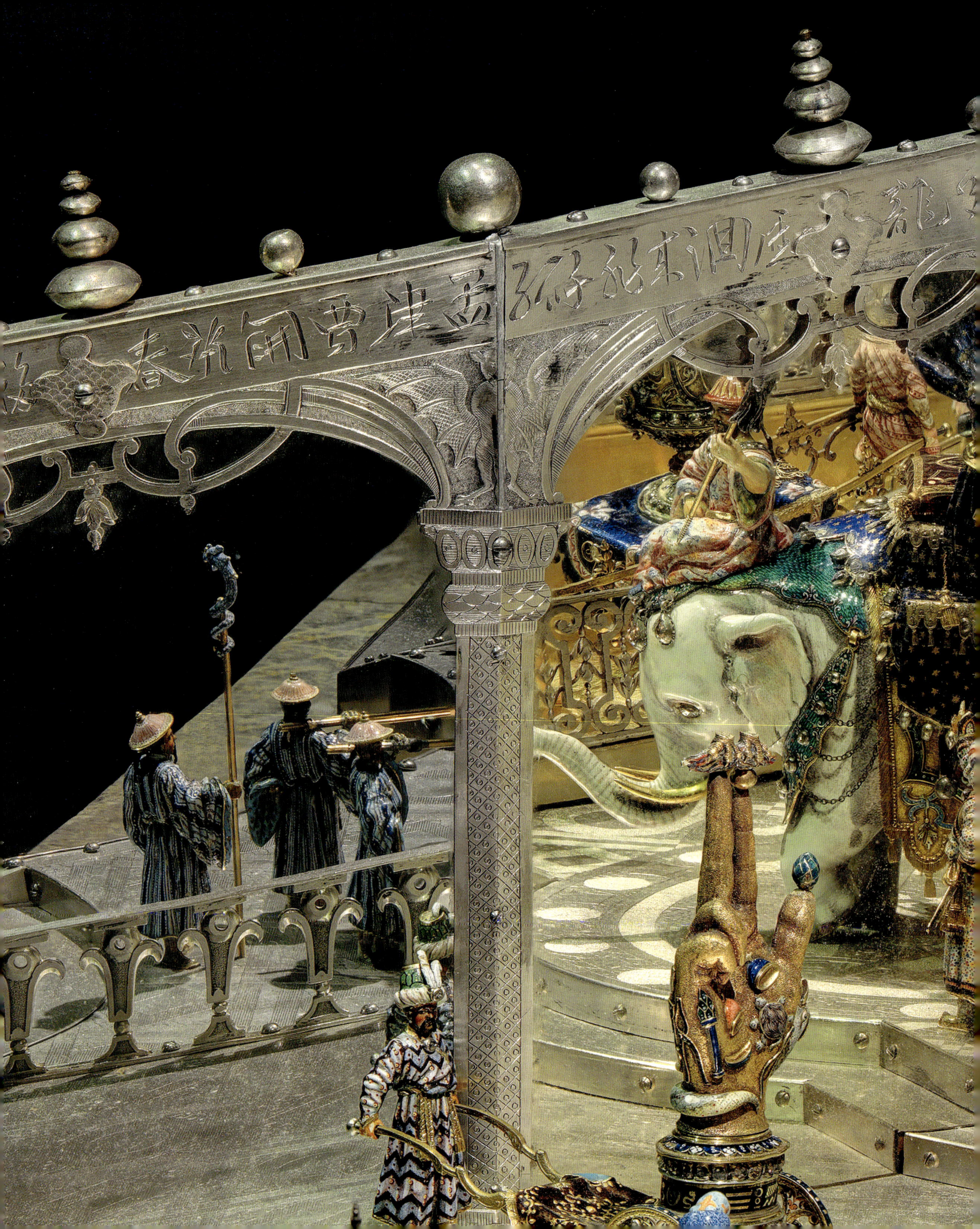

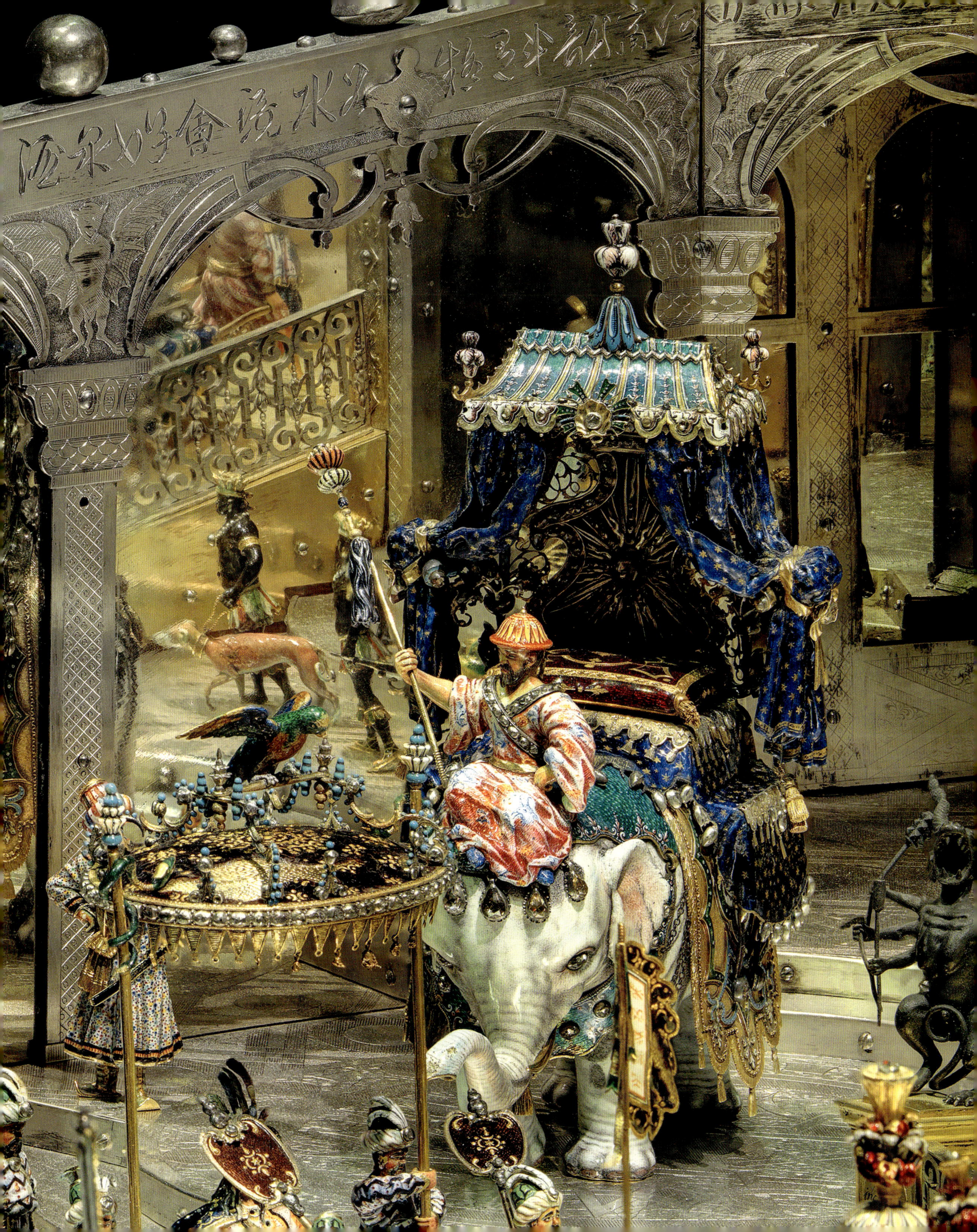

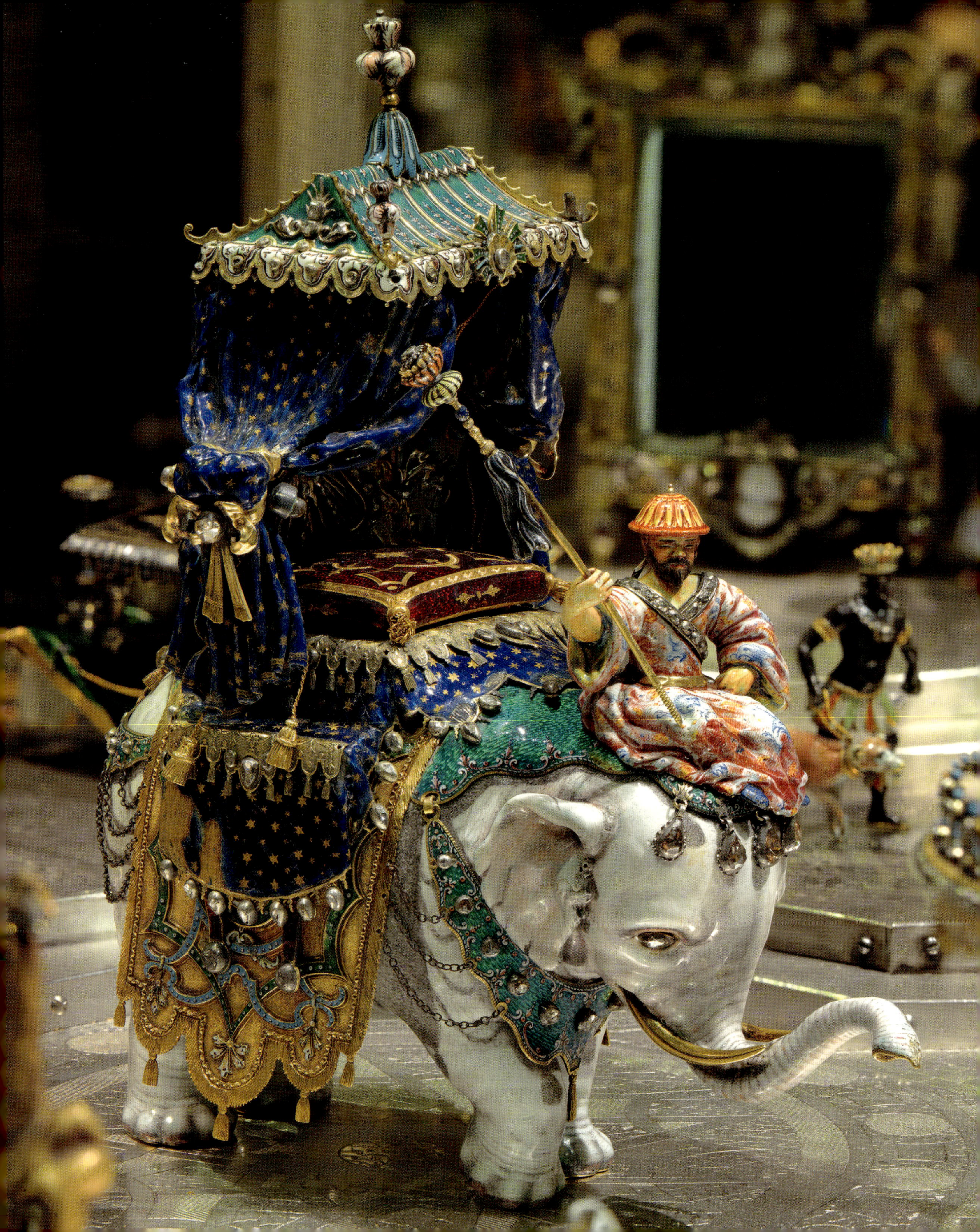

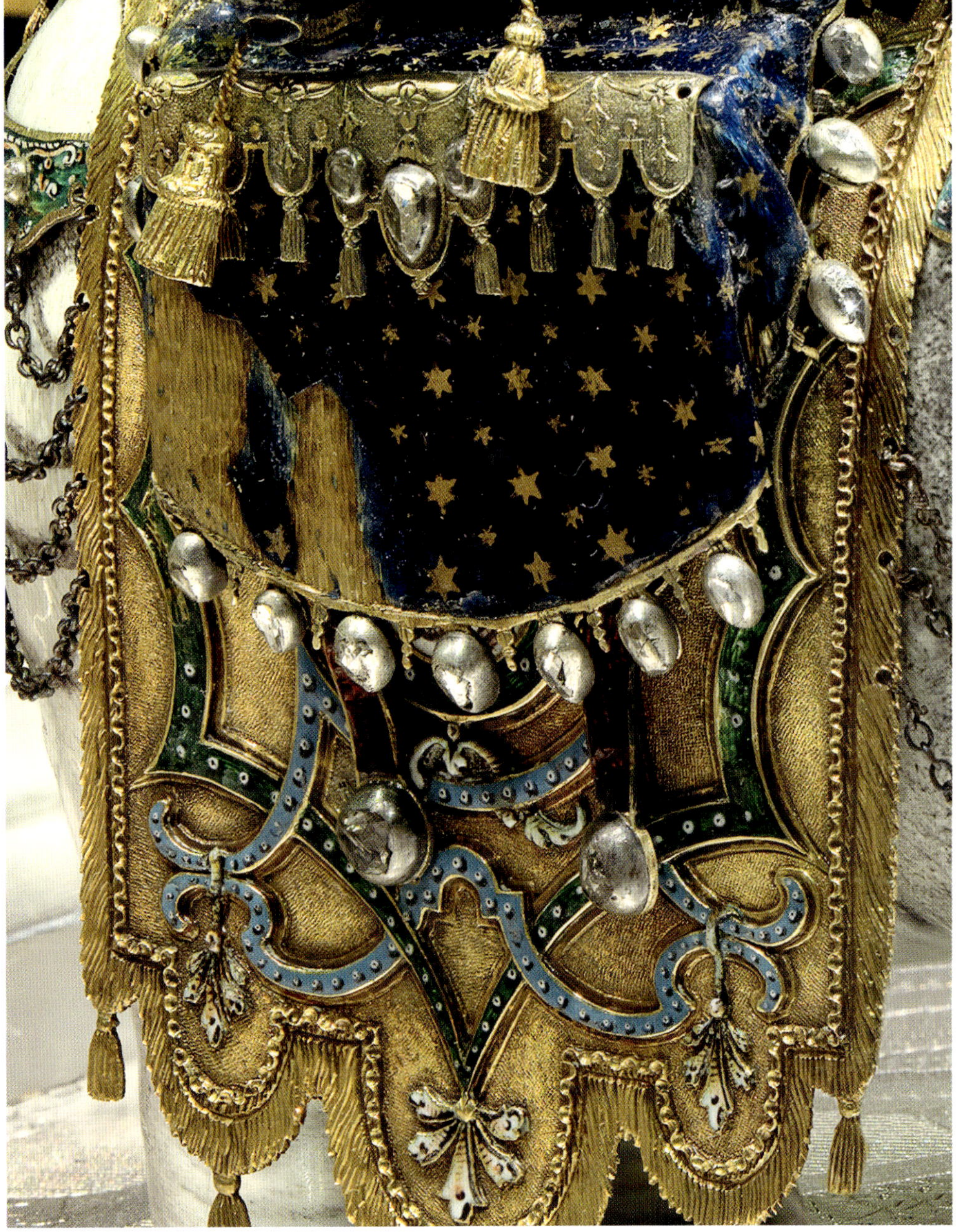

8

Grauer Jagdelefant, Geschenk des Chani Alem.

Der Jagdelefant, von etlichen schwarzen Dienern begleitet, ist ein Geschenk des Chani Alem. Das graue Ungetüm trägt gelassen die vielen Decken und den hohen Jagdsitz mit der Besatzung. Wie in plötzlicher Bewegung scheint der Schirm zu schwanken. Der Turm verdeckt einen Gepard, der als Jagdgefährte beigegeben wurde. Einer der Reiter beugt sich zu dem Tier herunter.

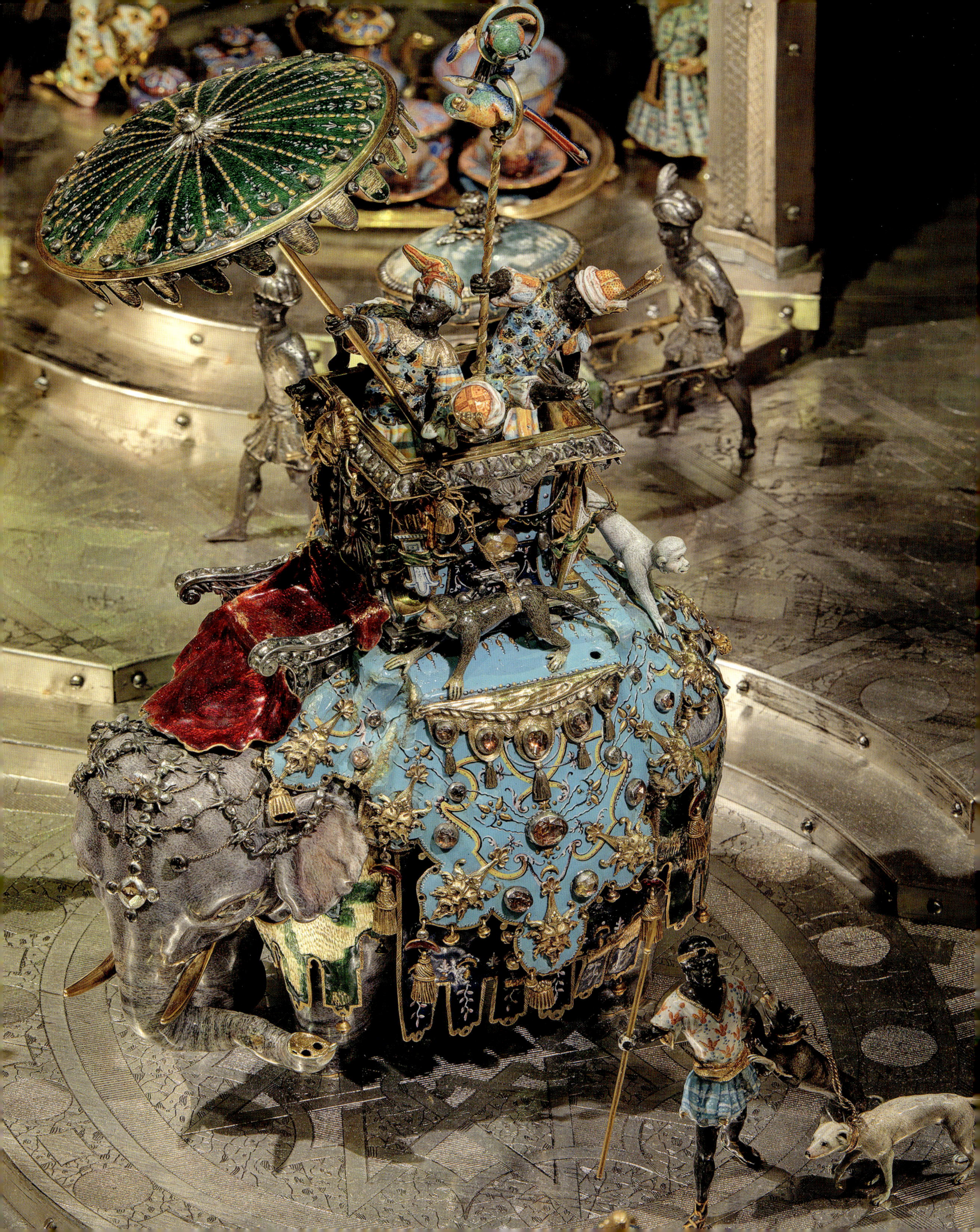

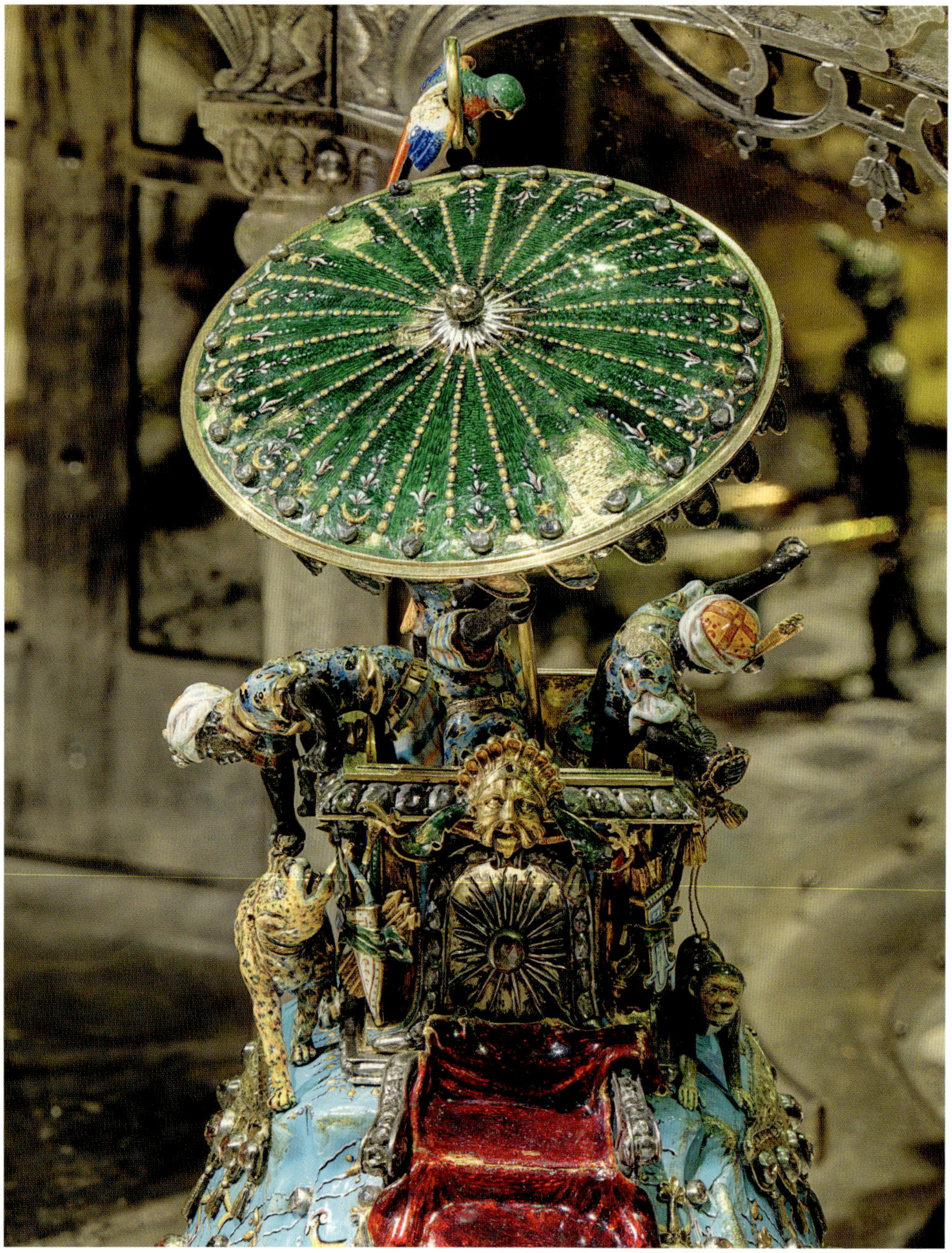

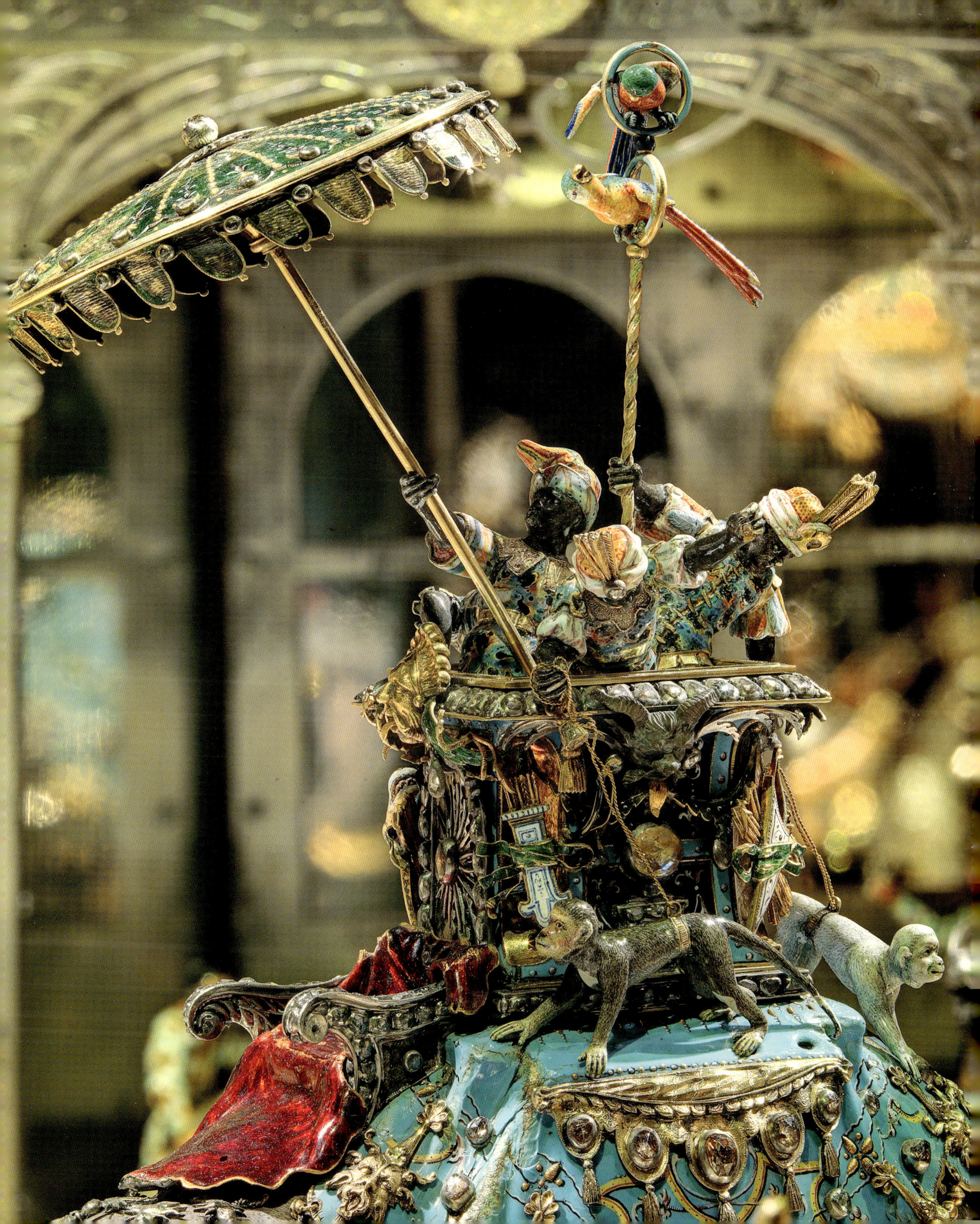

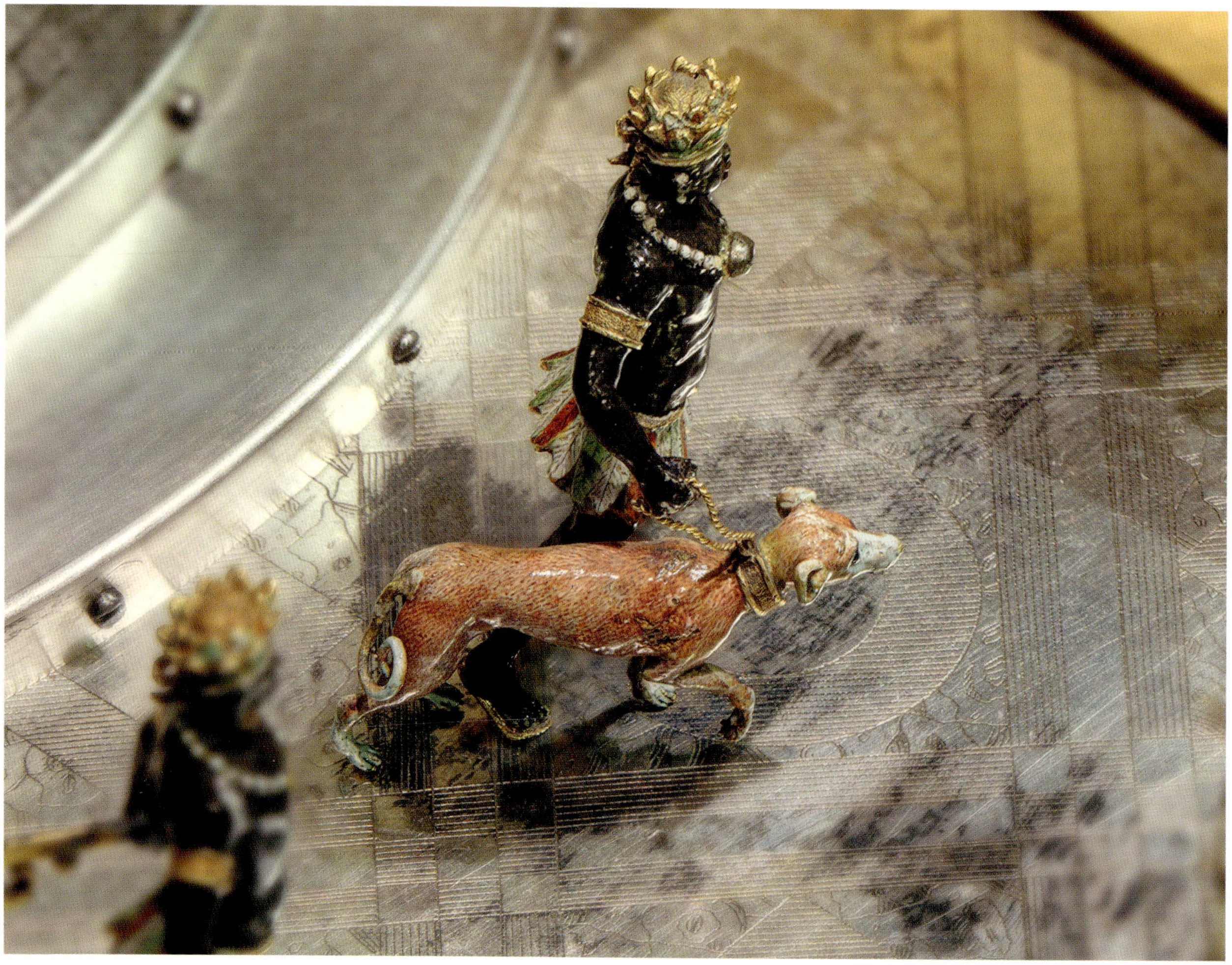

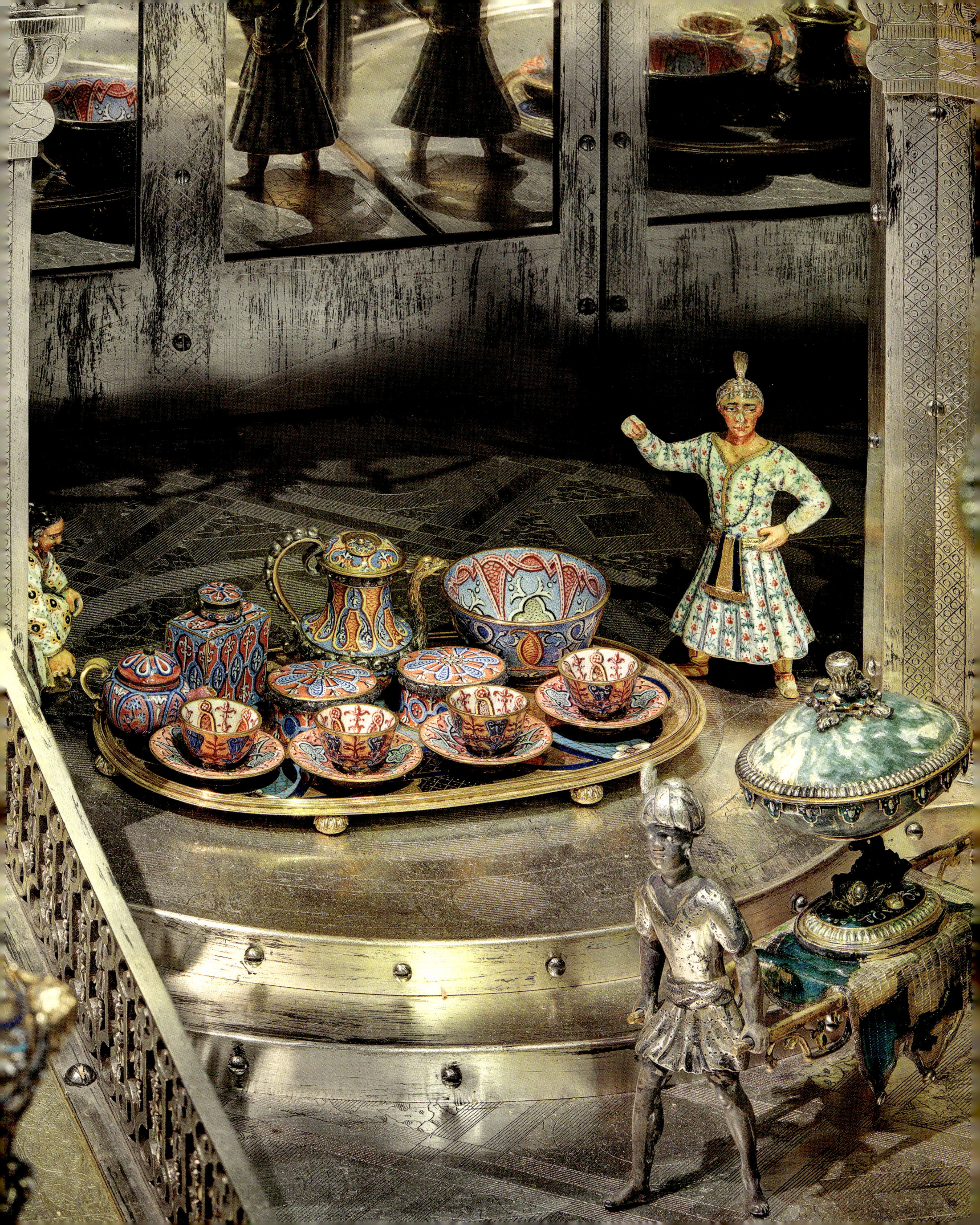

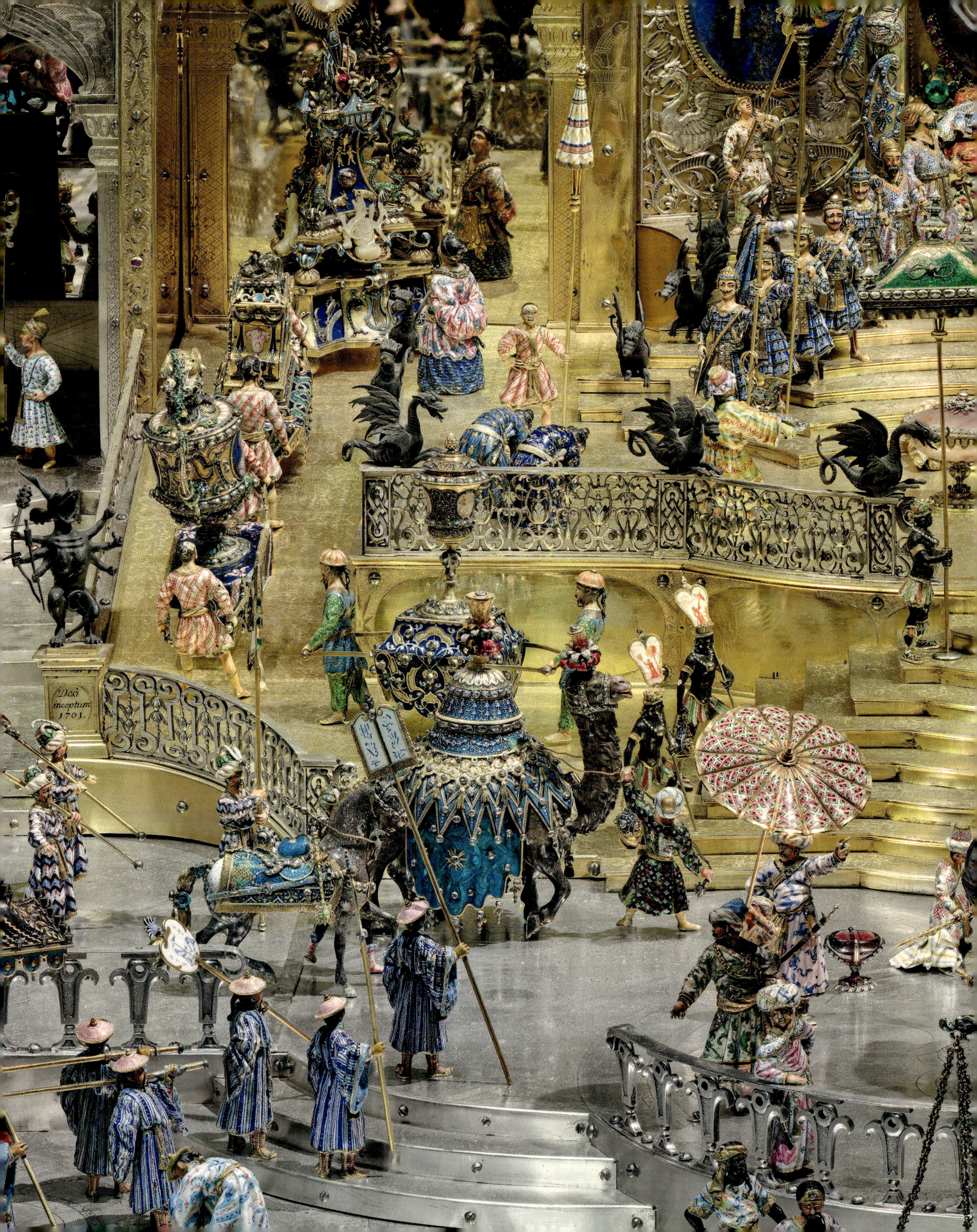
Deô
inceptum
1701.

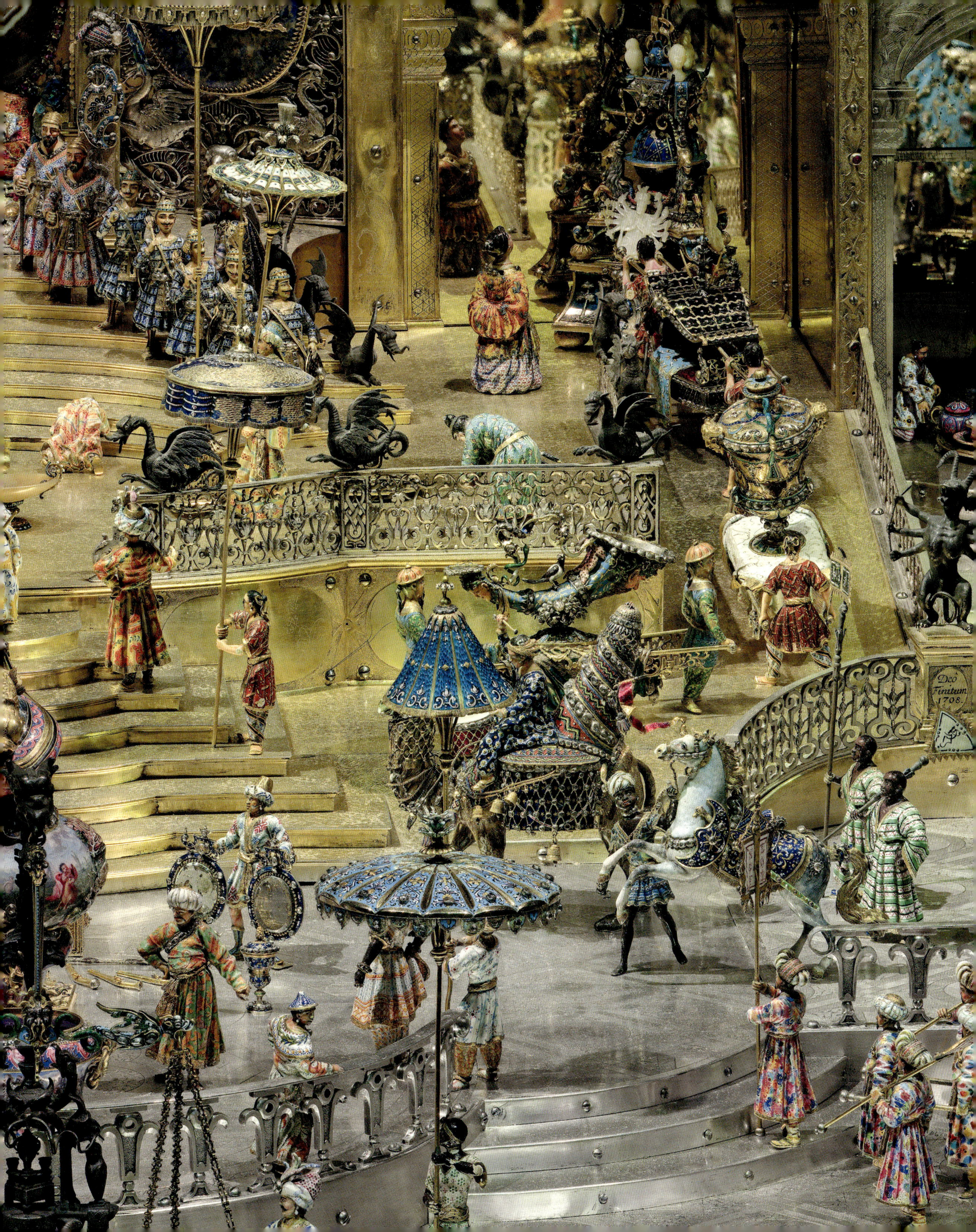
Deò Finitum 1708.

9

Wasan Bassi, der Schatzmeister, Rassi, ein Herr über 12 000 Pferde, zwei Gießbecken mit Kannen, ein Vogelbauer und Jaspisschalen, Geschenke des Nabab.

Der Schatzmeister verbeugt sich unter einem grün-goldenen, quadratischen Baldachin, der von einem schwarzen Bediensteten getragen wird. Zwei Träger gehen mit Fahnen voran und drei weitere stehen mit bunten Federn geschmückt am Aufgang der Treppe. Sie bringen die Geschenke: Zwei Guéridons, zwei kleine Fläschchen und einen Hund, von einem schwarzen Diener geführt. Es folgt Rassi, ein Herr über 12 000 Pferde. Er geht unter einem runden Baldachin, der von einem seiner Diener getragen wird. Seine Bediensteten, braun und weiß gekleidet und im Aufgang des Throns auf der linken Seite stehend, tragen seine Geschenke. Das Figurenpaar aus Silber, darunter der Vogelbauer, ist ebenso wie die anderen Silberfiguren des Hintergrundes keinem der von Dinglinger im Traktat genannten Schenkenden zuzuordnen, vermutlich ist der Vogelbauer aber ein Geschenk des Nabab.

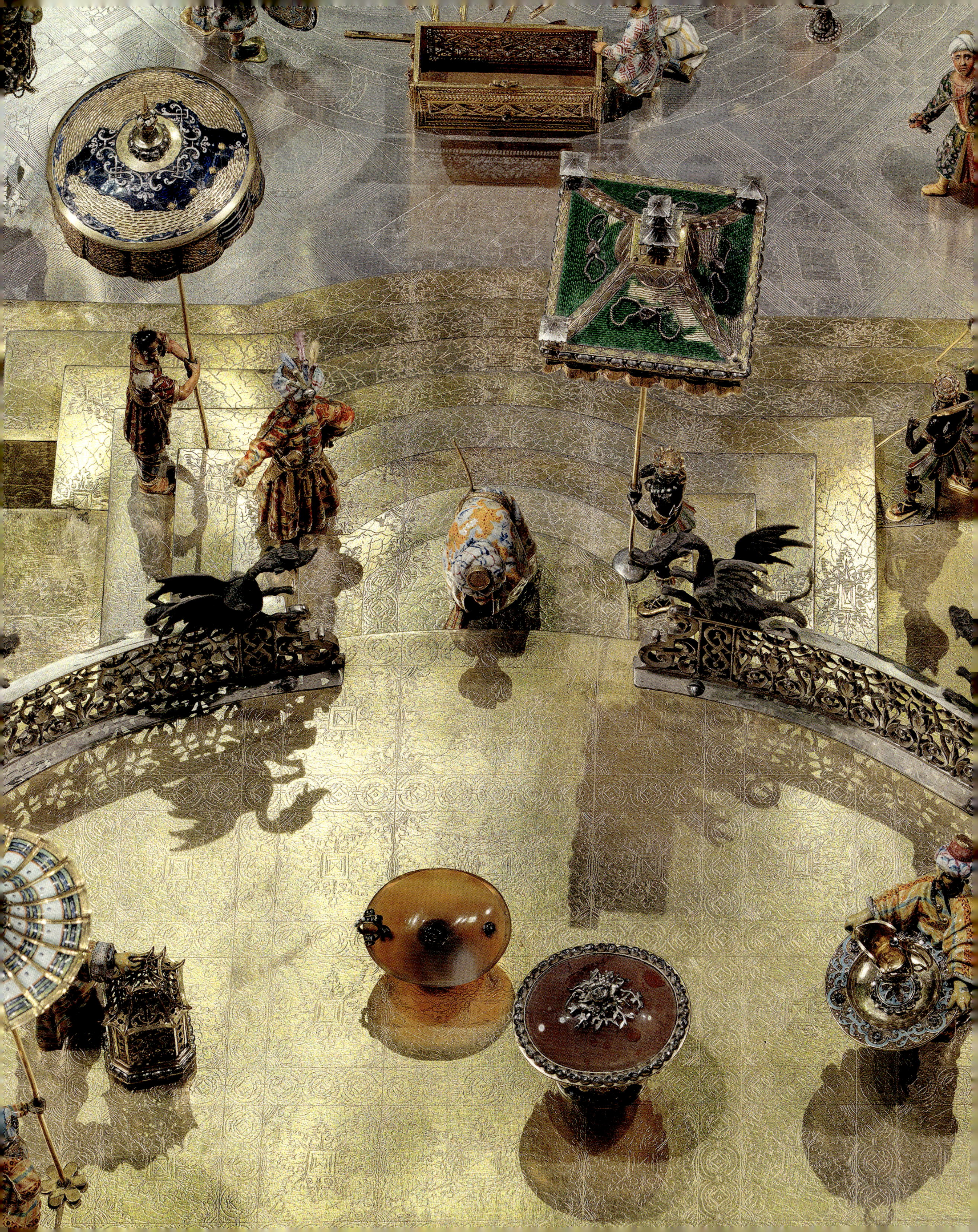

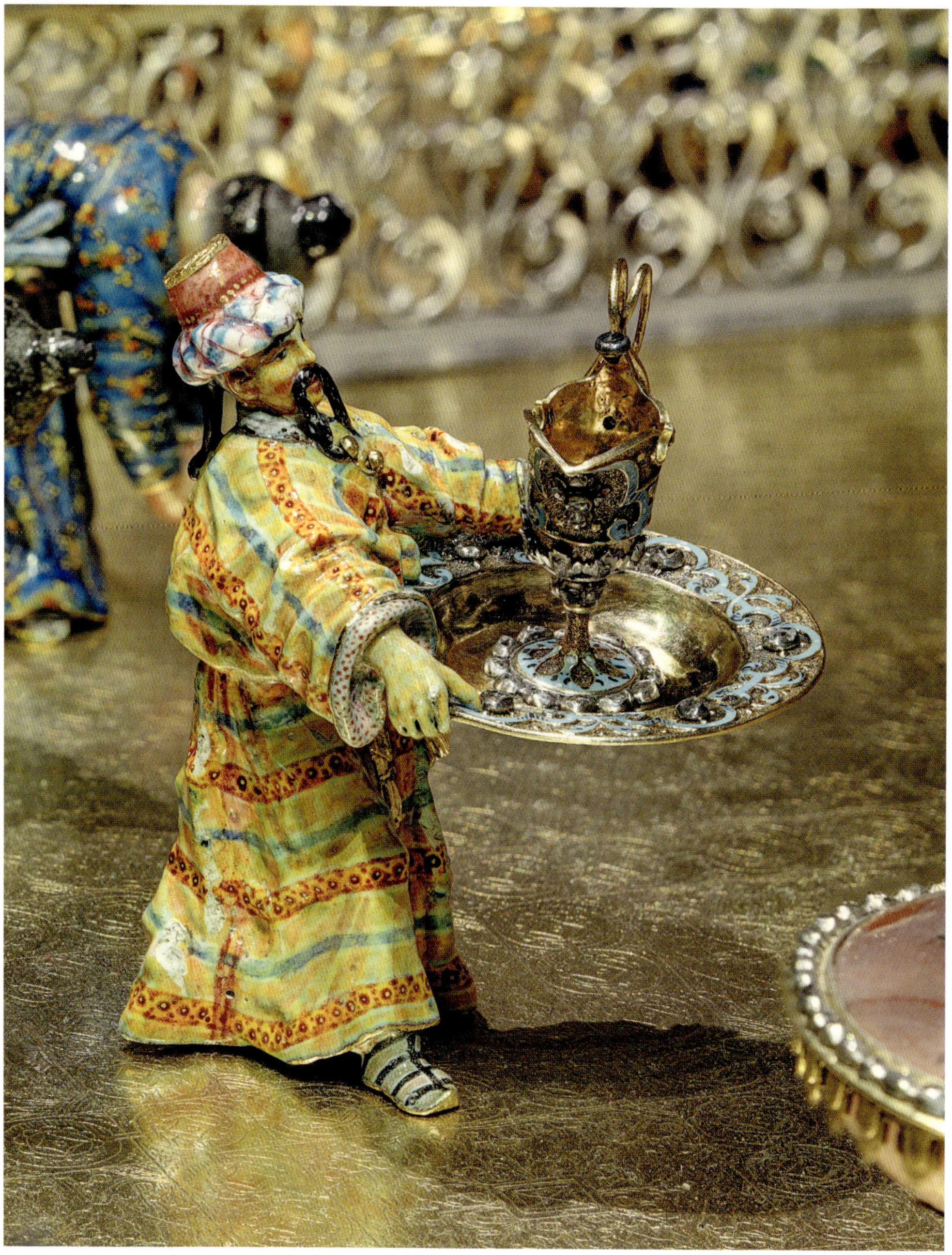

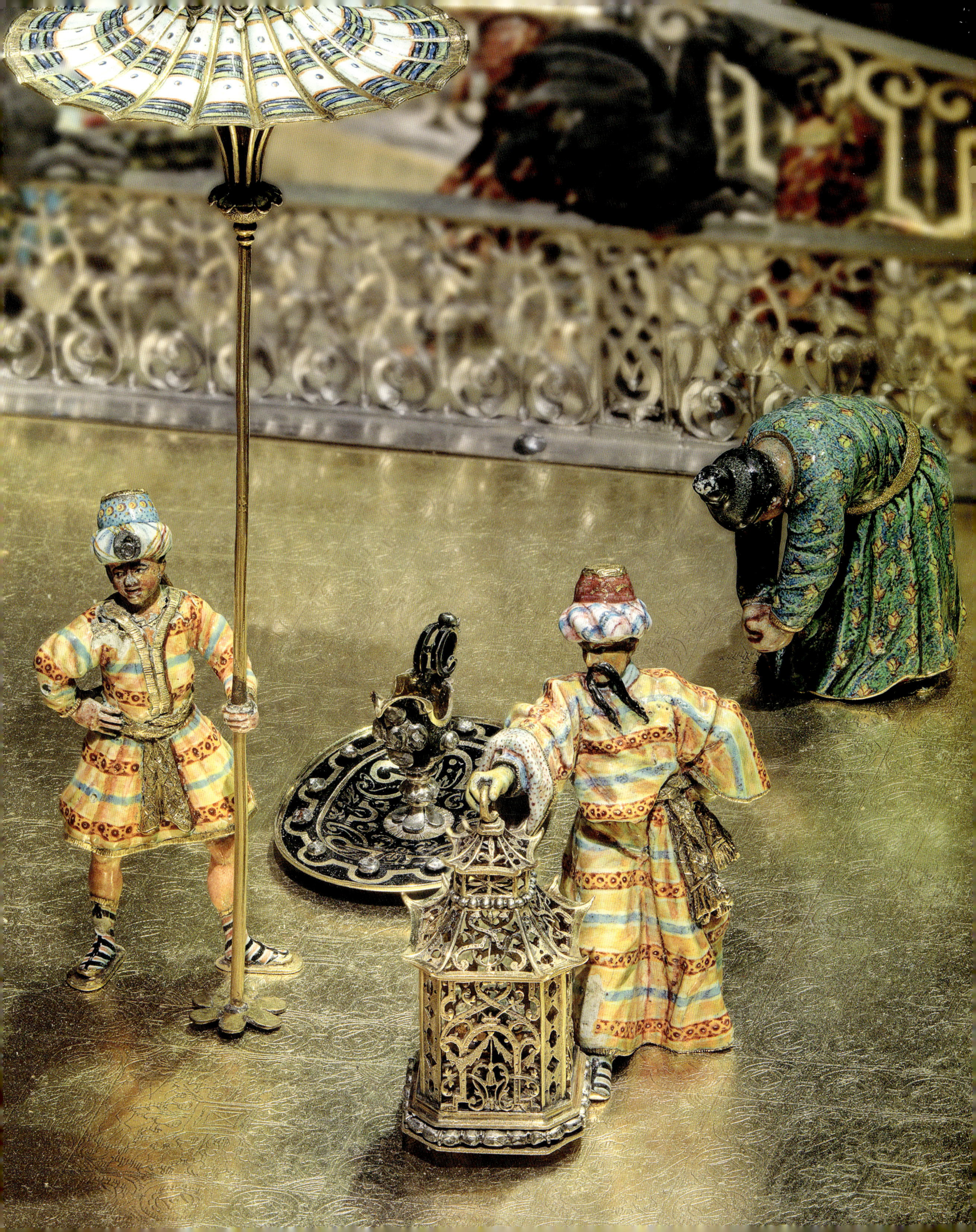

10

Geschenke des Rassi, des Nassir und des Nabab: Deckelvase, Kanne, Uhr, Pokal Prunkhorn, Tragbett.

Der Rassi, ein Herr über 12 000 Pferde, schenkt eine prunkvolle goldene Deckelvase mit ihrem damals sehr modernen Bérainornament sowie ein Tragbett. Seine beiden mongolischen Diener schaffen mühevoll das Prunkgefäß, das eigentlich ein kleiner Parfumflakon ist, zum Großmogul. Nasir, der Hofmeister, präsentiert die prächtige kleine Kanne mit fragilen Schlangenhenkeln; winzige Emailmedaillons zeigen idealisierte Portraits weiblicher Schönheiten. Außerdem schenkt er eine Miniaturuhr, die von einem silbernen, liegenden Drachen gekrönt wird. Der Dresdner Uhrmacher Fichtner hat das Uhrwerk der sehr kleinen Schlag- und Repetieruhr geschaffen, dem Dinglinger ein goldenes Gehäuse in spätbarocken Formen gegeben hat. Die chinesischen Diener des reichen Nahab, mit Zopf und lang herunterhängenden Zwirbelbärten tragen, einen hohen goldenen Deckelpokal heran, den ein Gespinst aus feinem Bérainornament überzieht. Wie die meisten Geschenke des Mogulherrschers gehören solche Pokale zur europäischen Hofkultur. Das Prunkhorn ist dem berühmten Horn der Kunstkammer von Mantua nachempfunden, dessen Goldschmiedefassung Giulio Romano geschaffen hat und das 1629 zerstört wurde. Das Miniaturhorn war im Traktat über den »Großmogul« Anlass von Erörterungen über den Weingenuss – in der Nähe des Mundstückes ist ein junges, an der hinteren Öffnung ein altes und verdrießliches Bachusgesicht, den Kopf mit Weinrebenblättern umgeben, angebracht. Das junge Bachusgesicht beschreibt die aufheiternde Wirkung des Weines, das alte hingegen will deutlich machen, dass der übermäßige Weingenuss schnell altern lässt. Eine Elster, stellvertretend für die vom Wein gelöste Zunge, und ein Tigerfell, die tierische Raserei durch den Alkohol bezeichnend, sind Verzierungen auf der Oberseite des Horns, an sich ist es aber von Efeu umrankt.

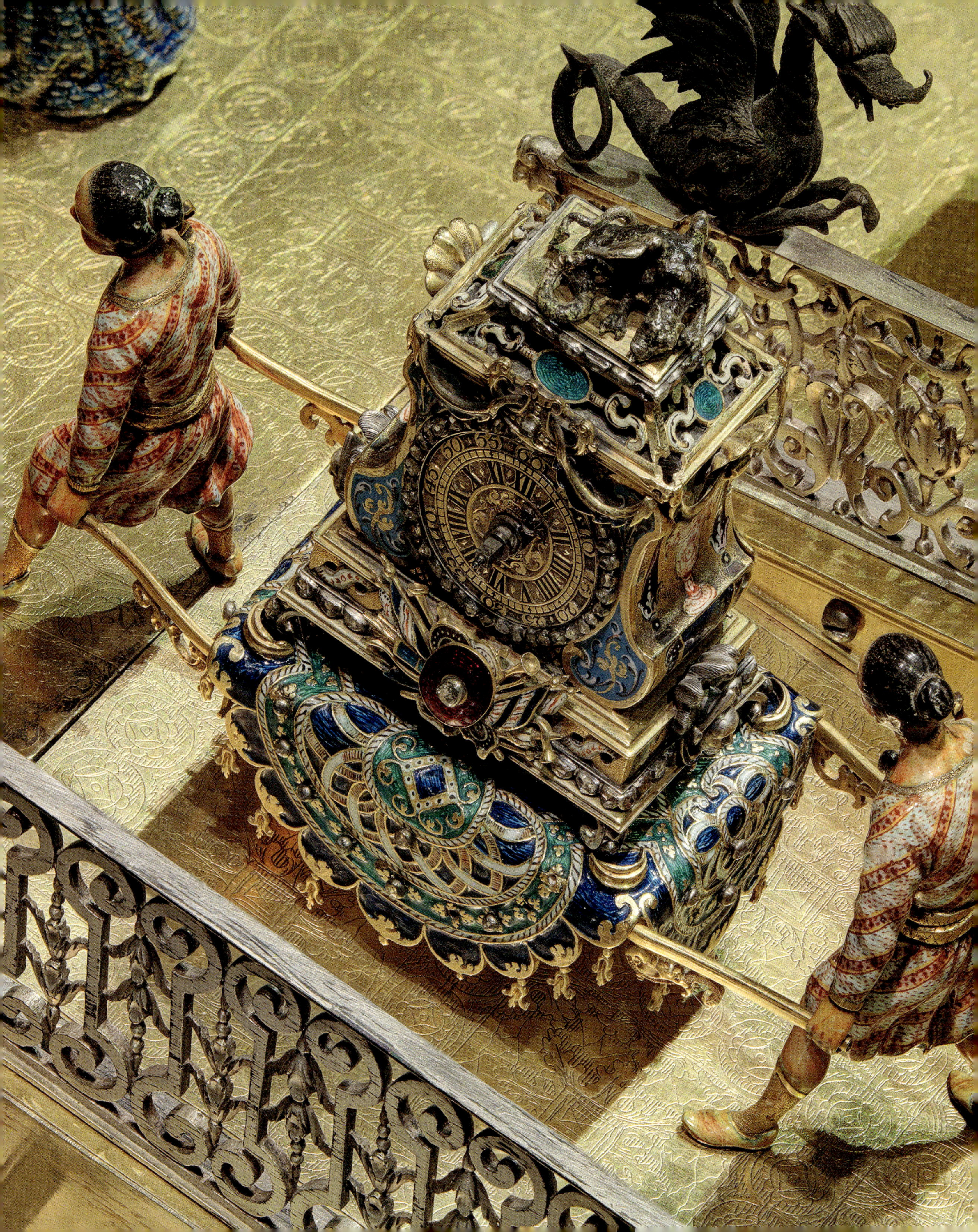

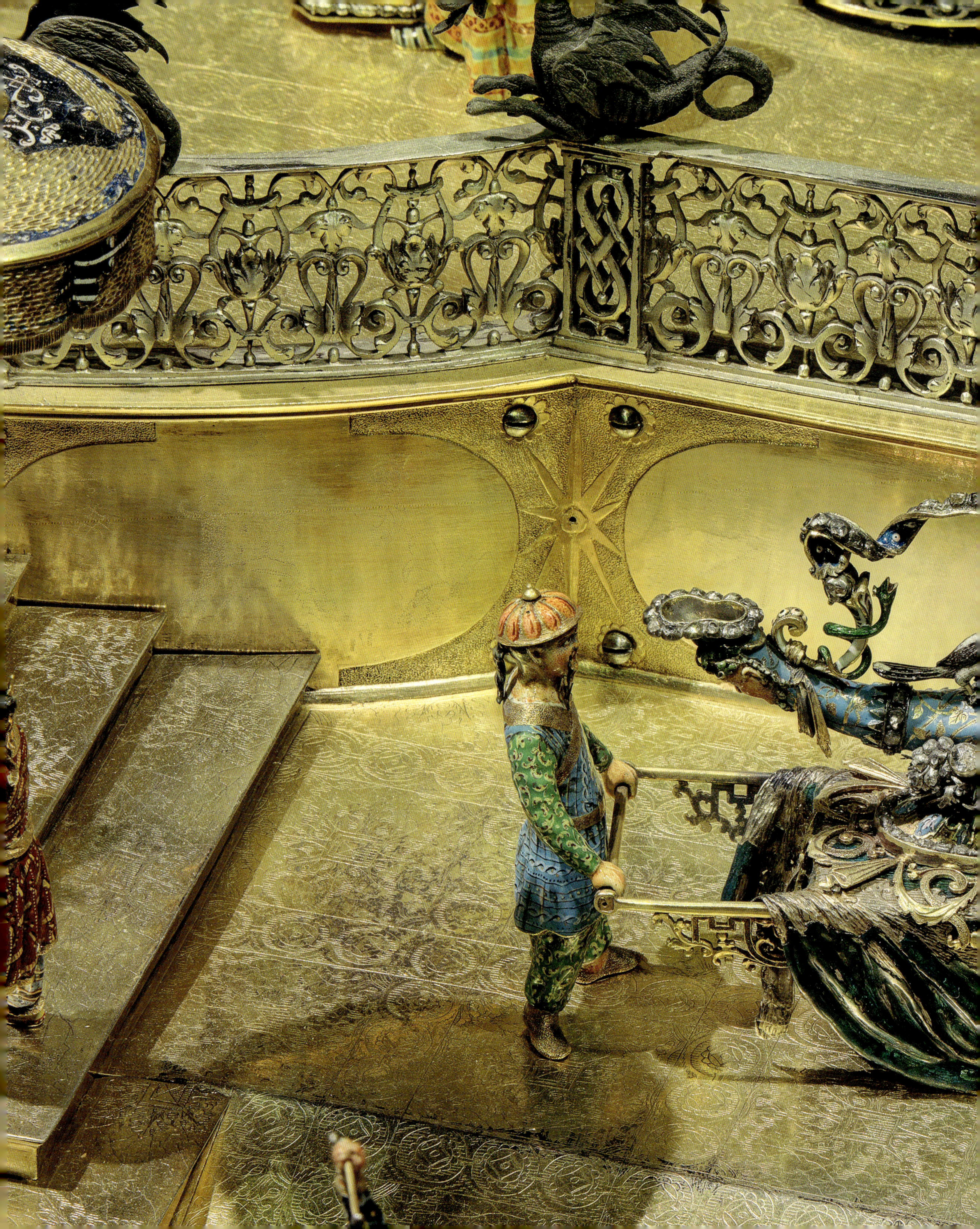

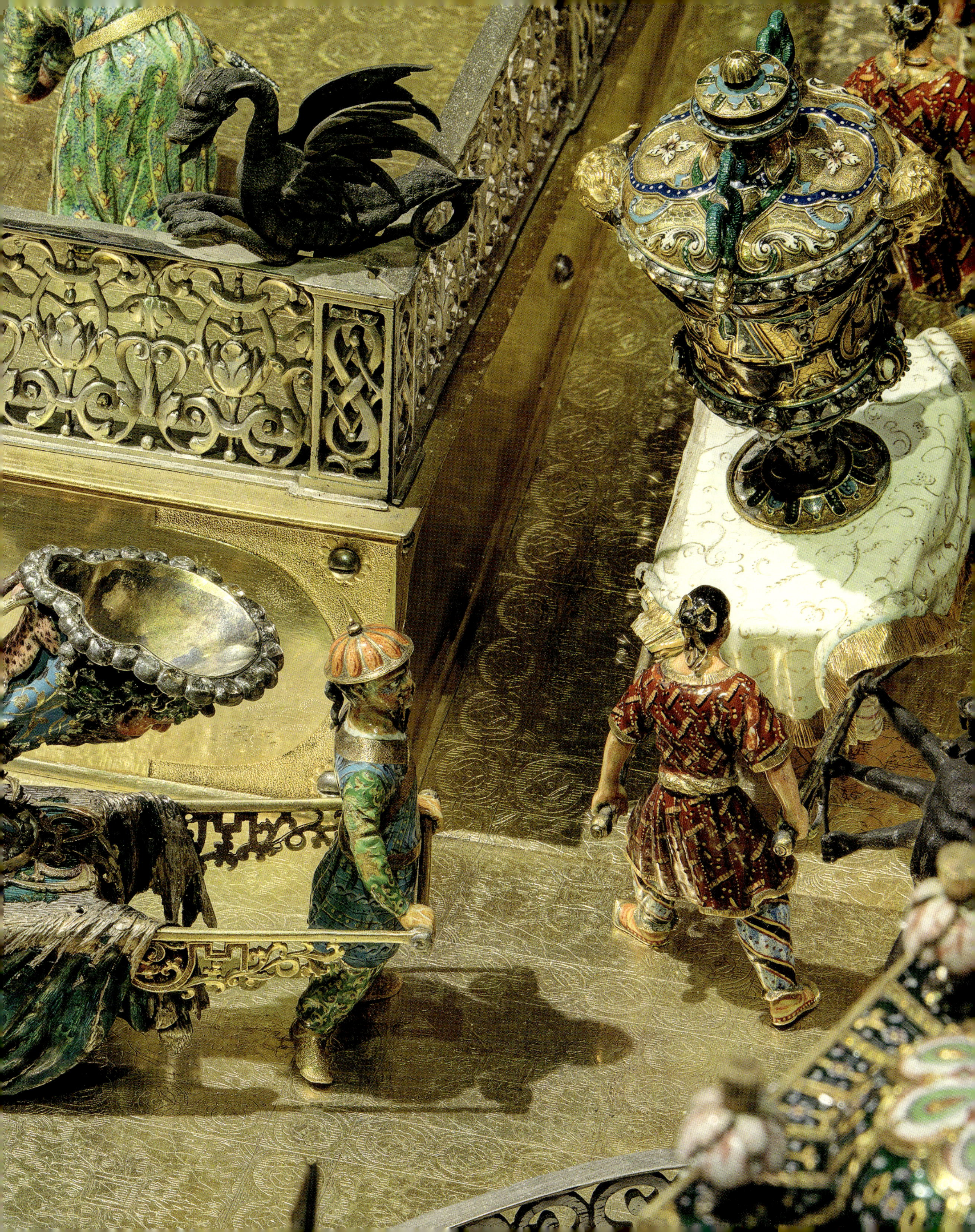

11

Die Sonnen- und die Mondpyramide, Geschenk des Chan Chanon.

Die zwei Pyramiden – Sonnen- und Mondpyramide – sind Geschenke des Chan Chanon. 16 cm sind die dreiseitigen Kultbilder hoch, überzogen von zahlreichen kosmologischen Symbolen, Tierkreiszeichen und Fruchtbarkeitsdarstellungen. Die Pyramiden sind Dinglingers Erfindung, mit der er sich als hochgelehrter Künstler ausweist.

Rechts zu sehen ist die Mondpyramide, auf der die Figur der Göttin Isis beziehungsweise der chinesischen Göttin Pussa angebracht ist. Mit ihren acht Armen hält sie verschiedene Schwerter, Räder und Früchte. Die Göttin sitzt auf einer Seerose, die zeigen soll, dass der Mond das Wasser beherrscht und damit der Natur Fruchtbarkeit bringt. Weiter unten sind zwei Wasserkrüge und zwei Getreide-Garben abgebildet, weitere Symbole einer reichen Ernte. Zur rechten Hand der Göttin ist außerdem der an seinen Ufern von Palmen gezierte Nil zu erkennen, dessen Fruchtbarkeit spendende Überschwemmungen auch in direkter Verbindung zur Wirkung des Mondes steht. Über dem Globus sind noch einmal die Instrumente des Säens und Pflanzens angebracht. Die Spitze der Pyramide zeigt auf der einen Seite die Göttin Juno und auf der anderen die Göttin Diana.

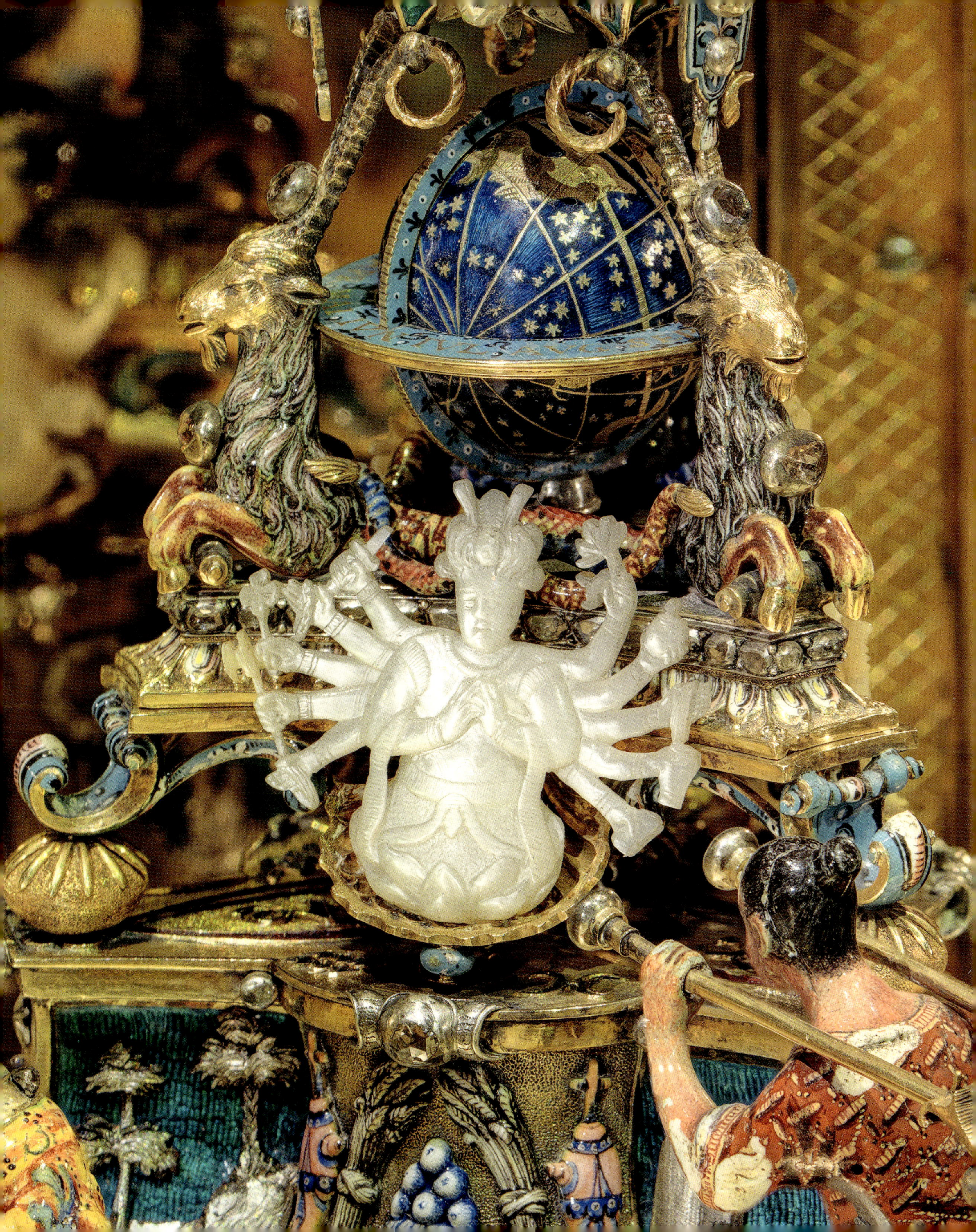

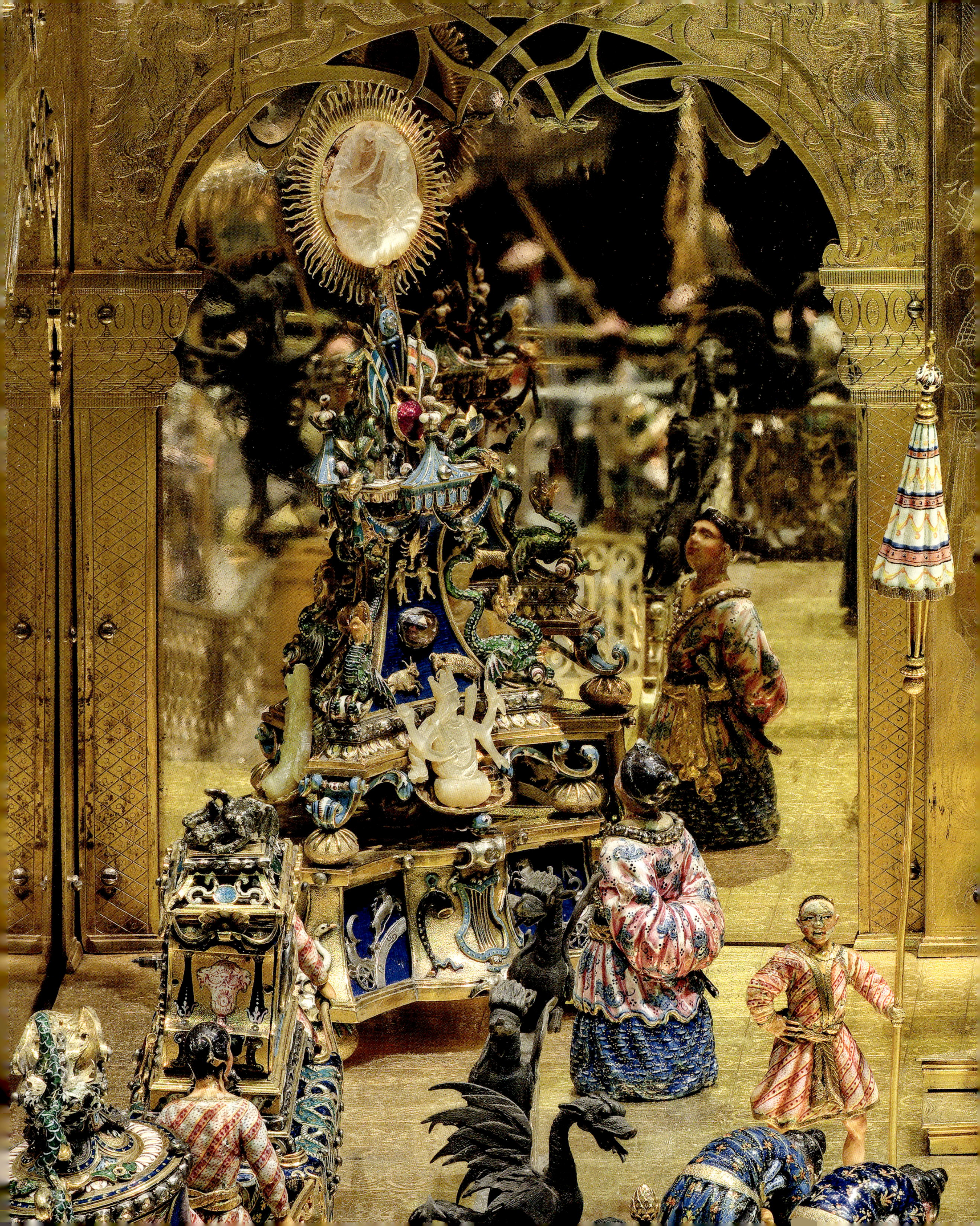

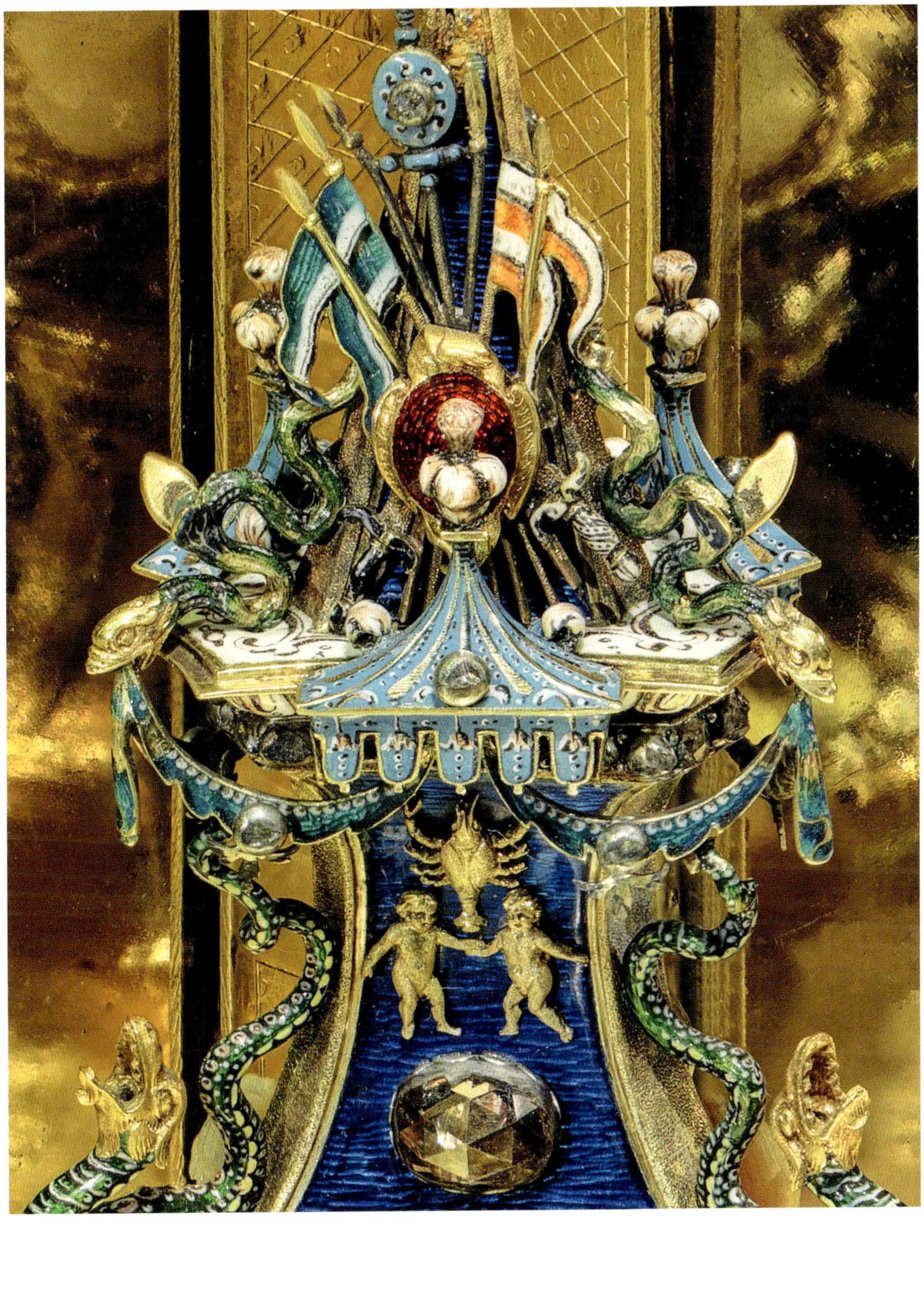

12

Der Großmogul auf seinem Thron, vor ihm seine Leibwache und Omrahme

Der Großmogul thront vor seinem Symbolschild, dem von einer strahlenden Sonne umgebenen zierlichen Löwen, der auf einer großen Onyxscheibe befestigt ist. Der Thron aus purpurnem Gold steht mittig am obersten Punkt der Treppen, auf einer Erhöhung von insgesamt sechzehn sorgfältig vergoldeten Stufen aus Silber. Er ist mit vielen Diamanten besetzt, in der Mitte mit einem besonders großen. Über dem Thron prunkt ein prächtiger Baldachin, der aus mehreren übereinandergeschichteten, verschiedenfarbigen Decken besteht. Zugleich sind diese reichlich mit Diamanten, Perlen und Rubinen verziert und werden von zwei großen schwarzen Drachen gehalten. Vier Omrahme, Hofbeamte mit gezogenen Schwertern, und zehn Leibgardisten beschützen den Großmogul. Weitere Diener fächeln ihm Kühlung zu. Der Großmogul blickt von seinem purpurroten Sitz fast unbeteiligt über das Geschehen hinweg. Die kronenartige Mütze und das Zepter, das weiße Untergewand mit gelben Drachen und der von blauen Vögeln durchmusterte, diamantgesäumte Umhang erscheinen als Zeichen seiner allumfassenden Macht.

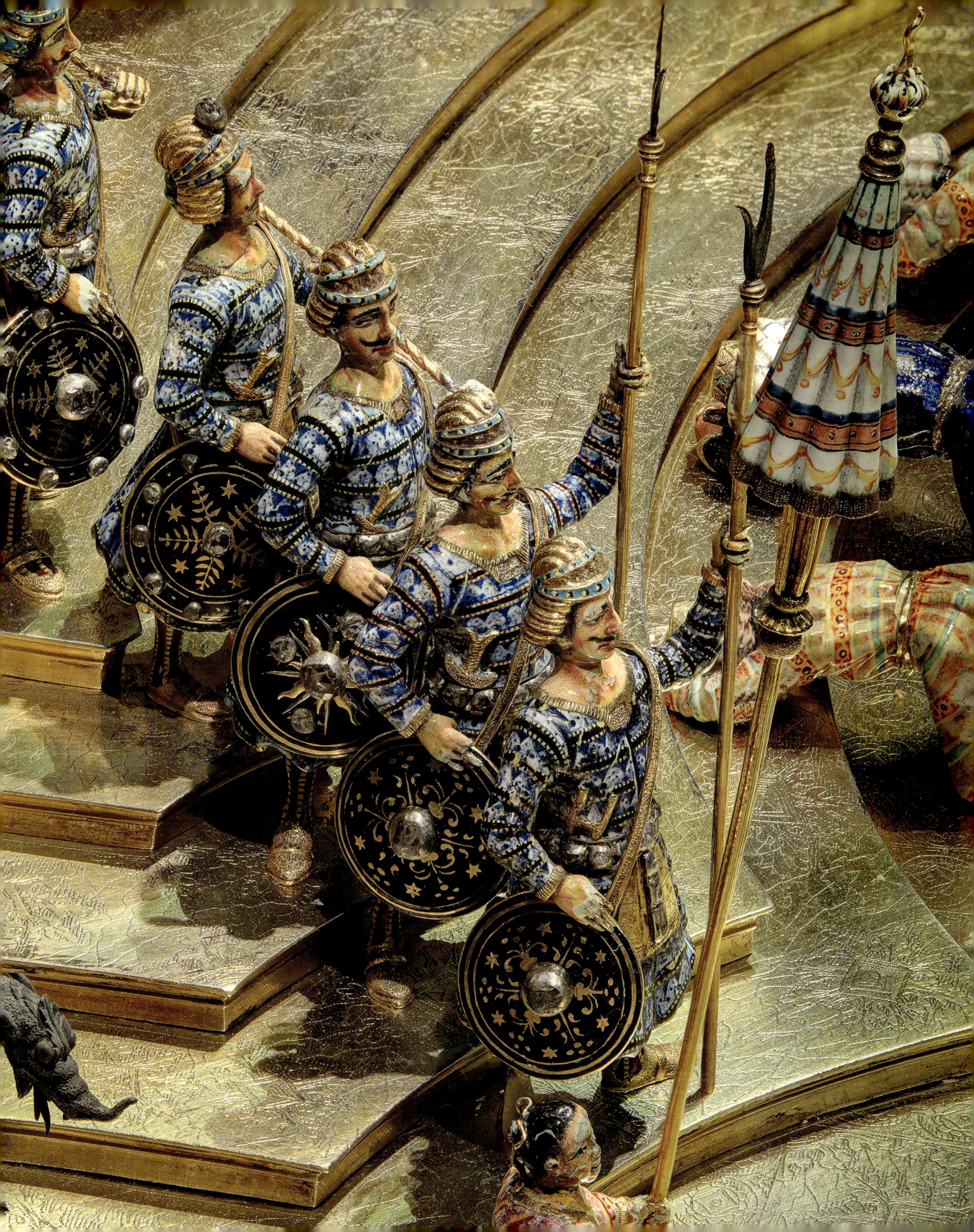

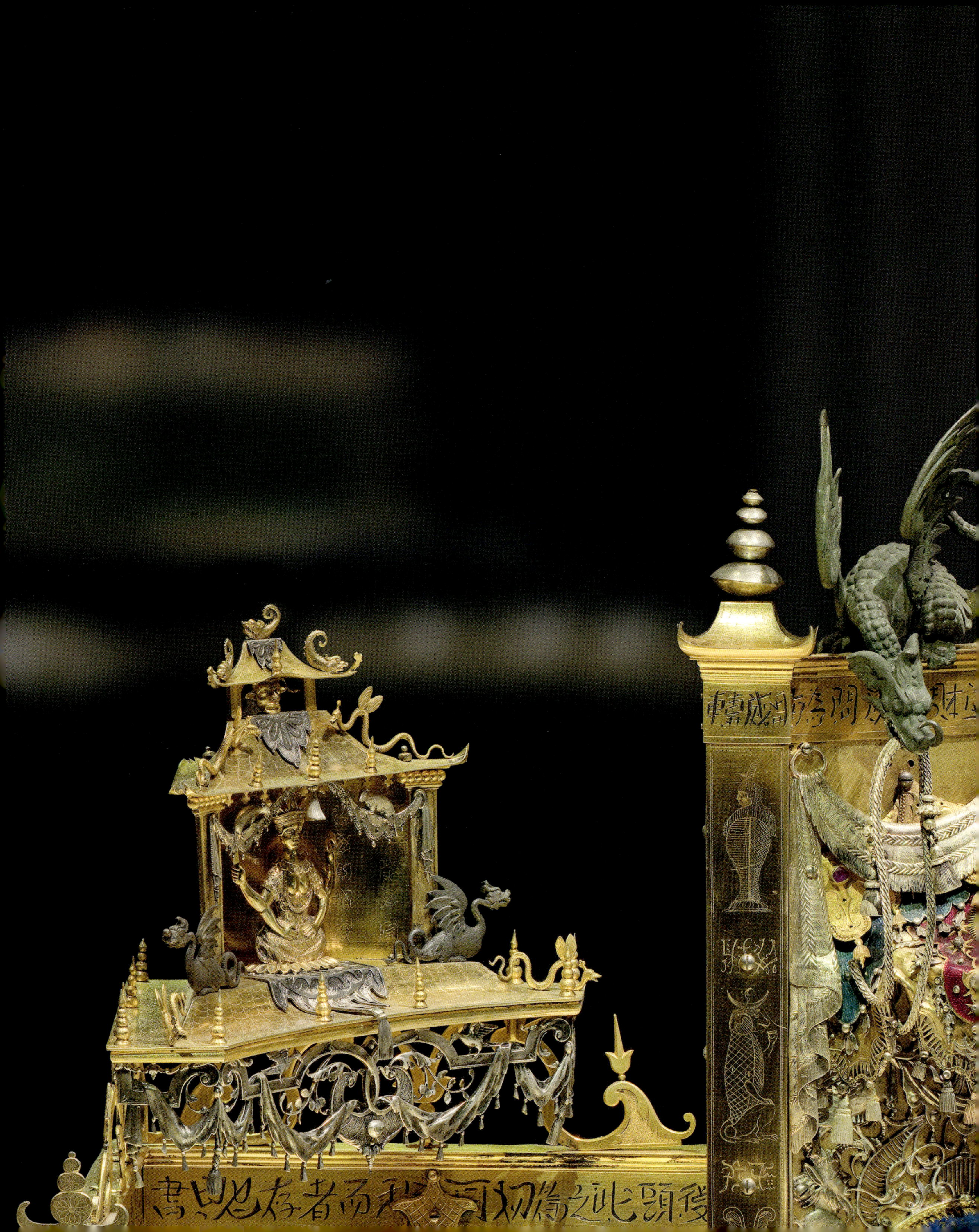

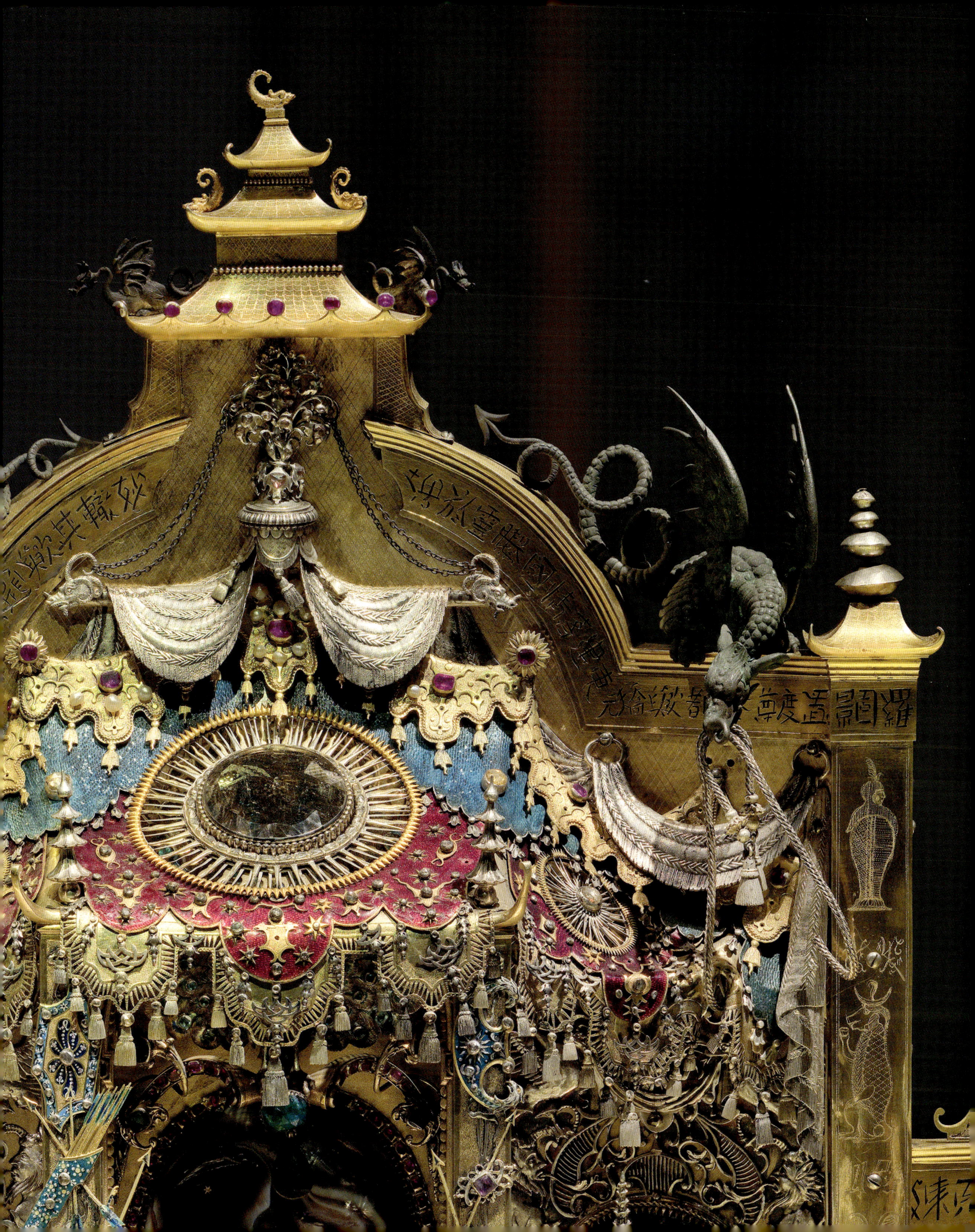

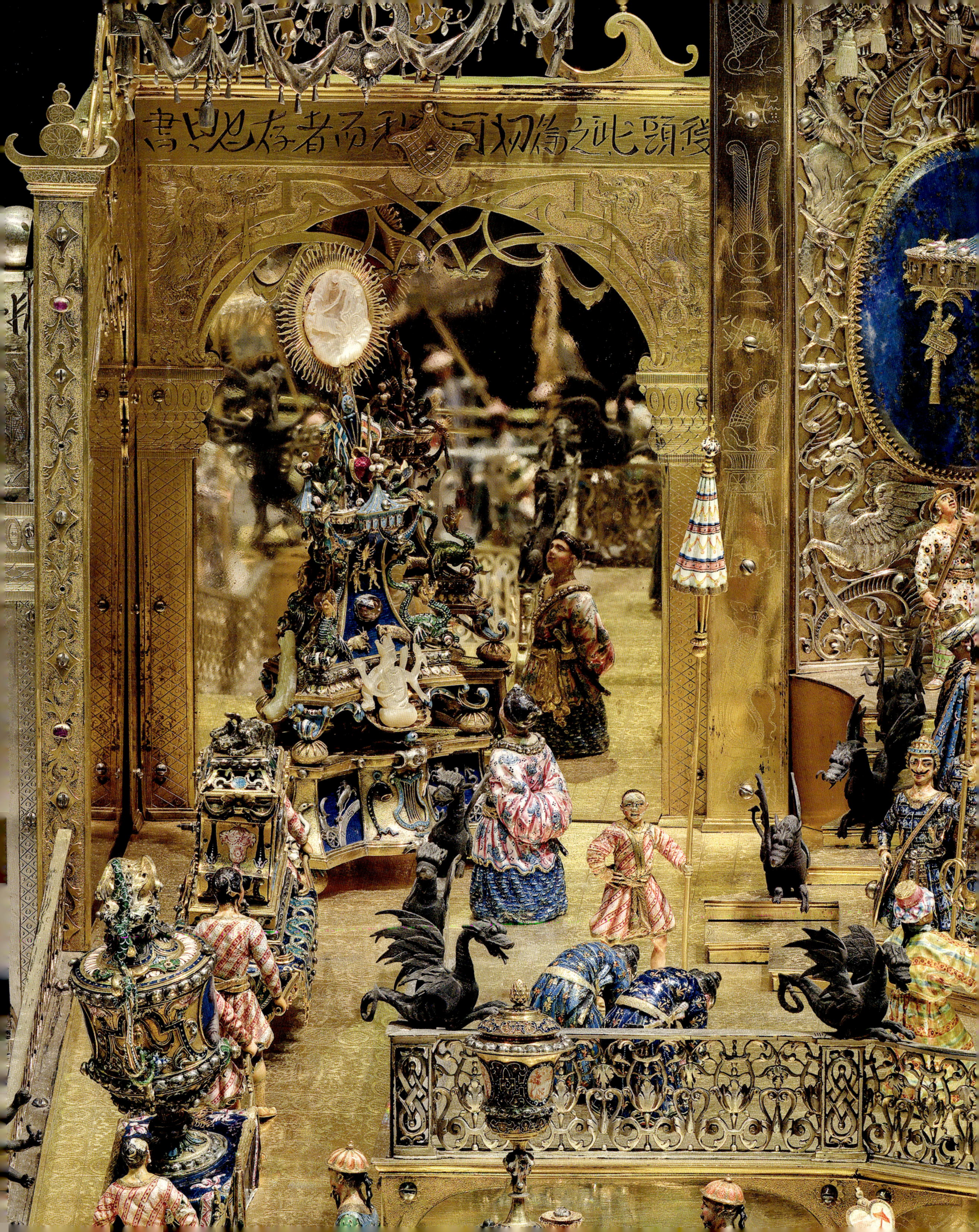

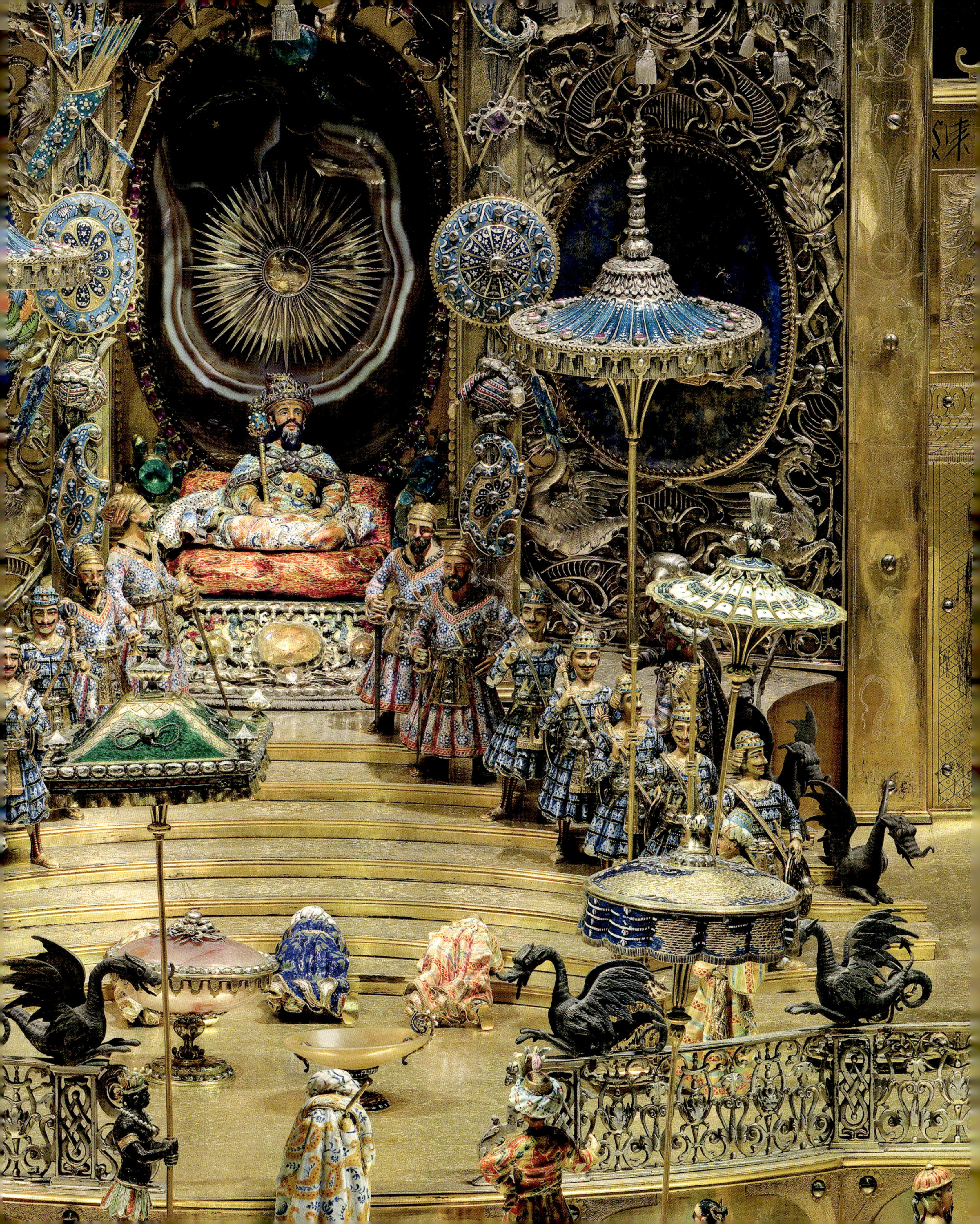

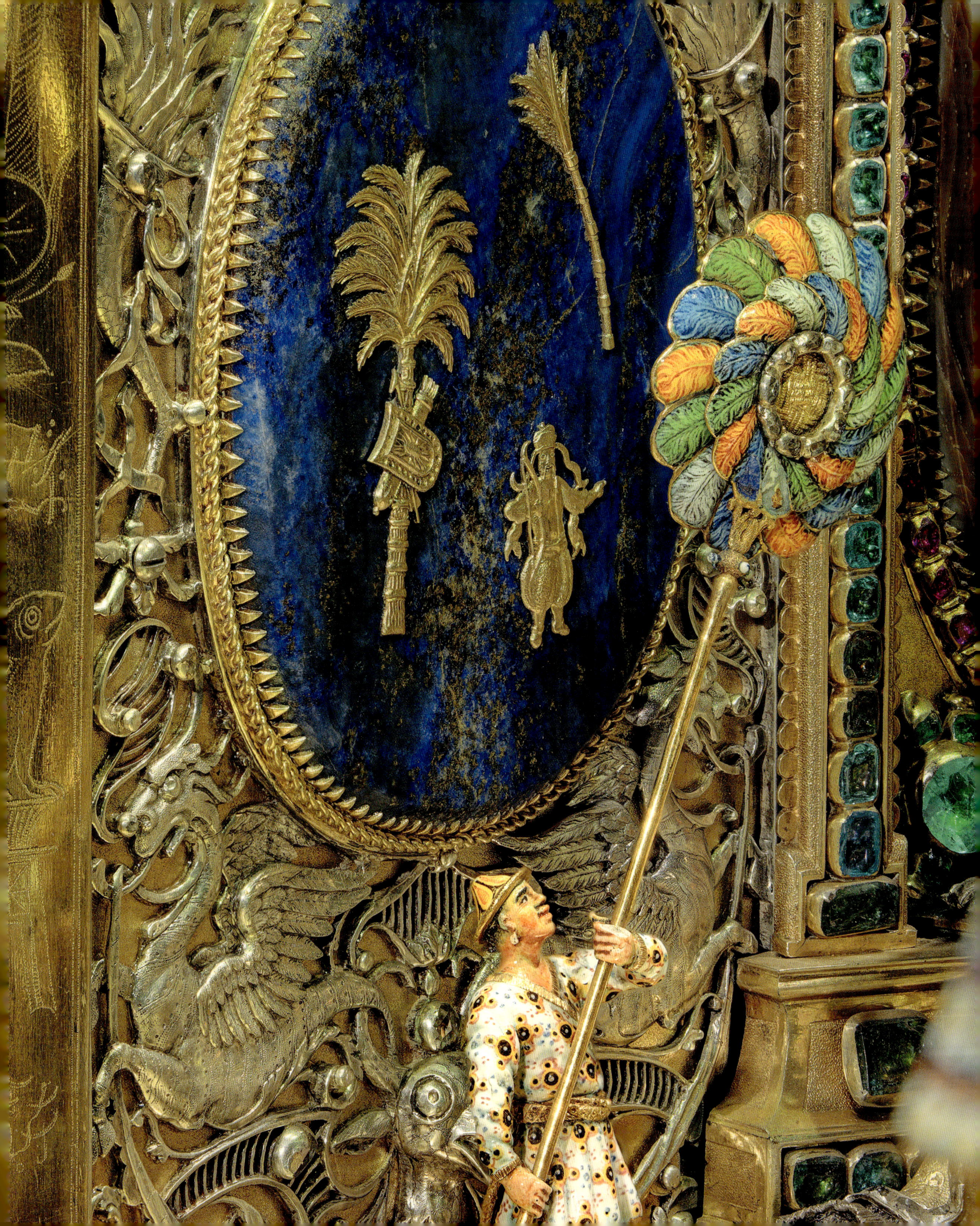

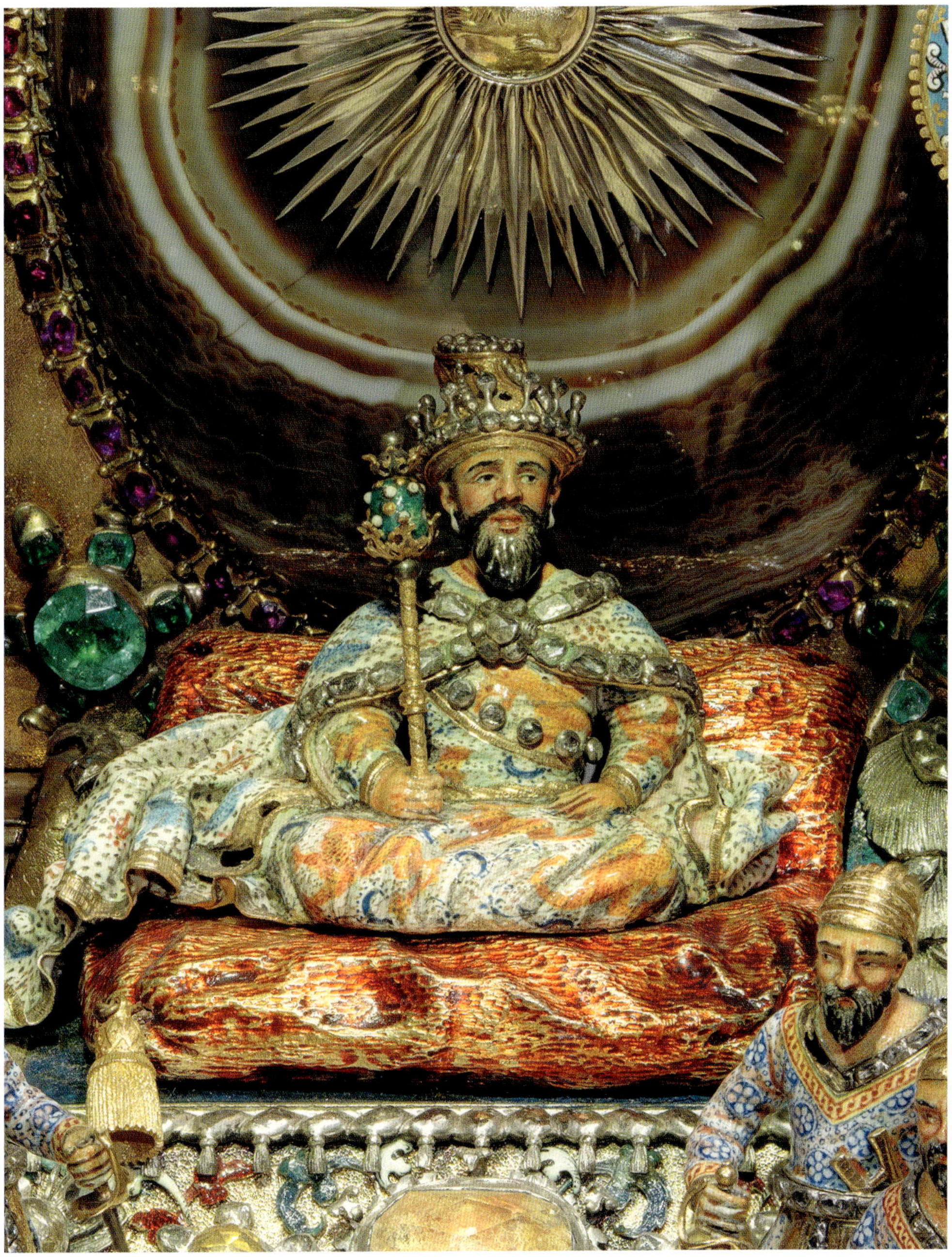

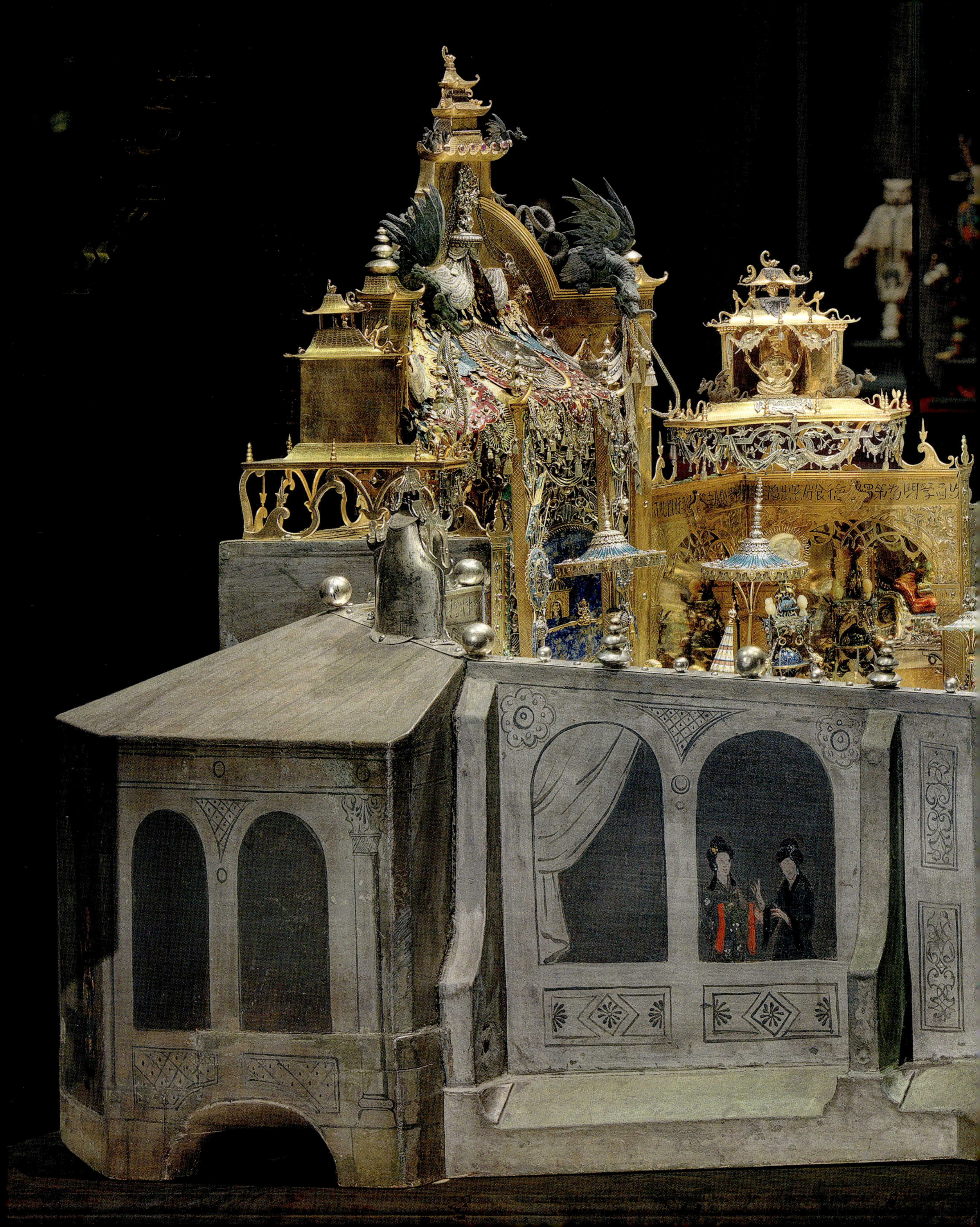

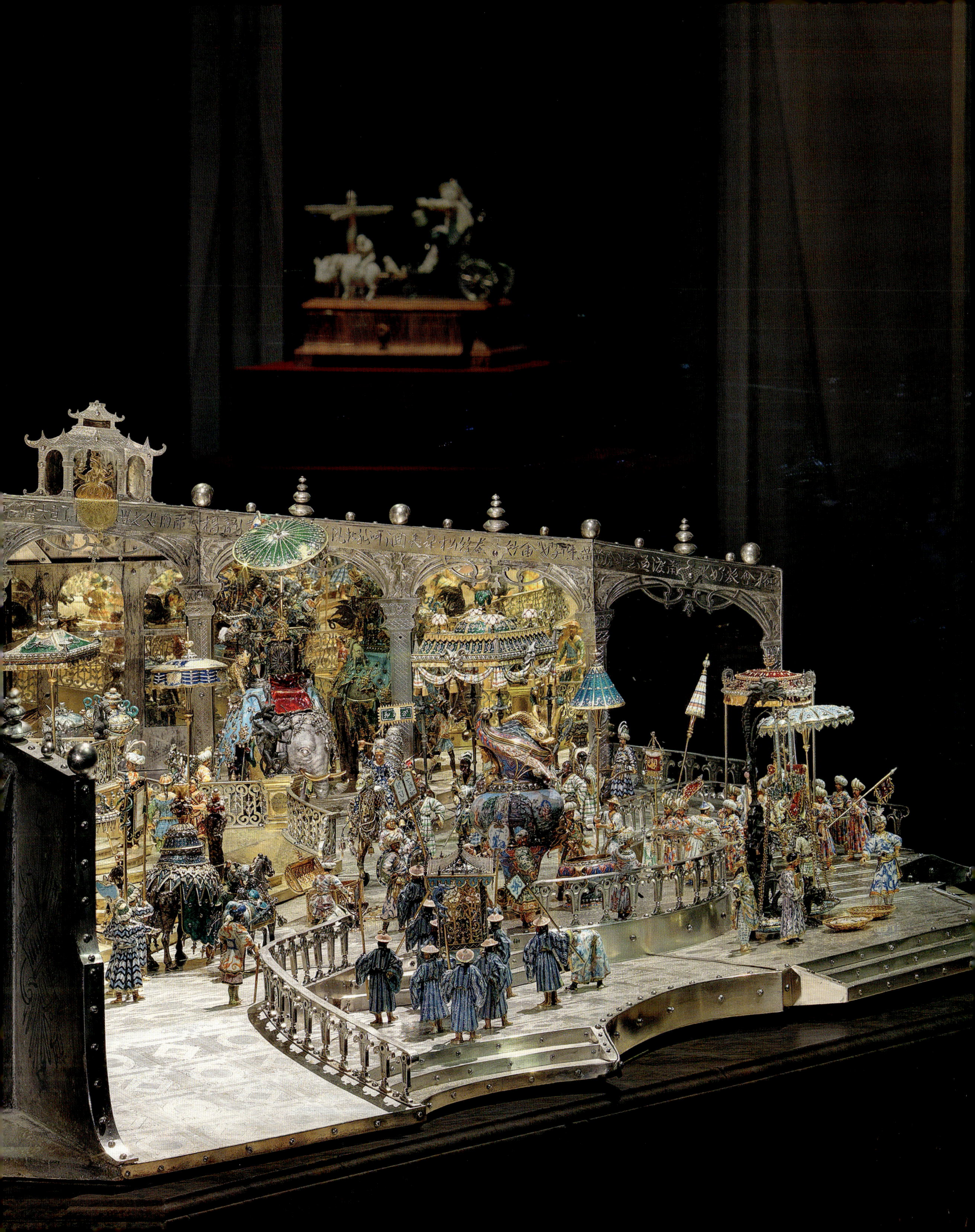

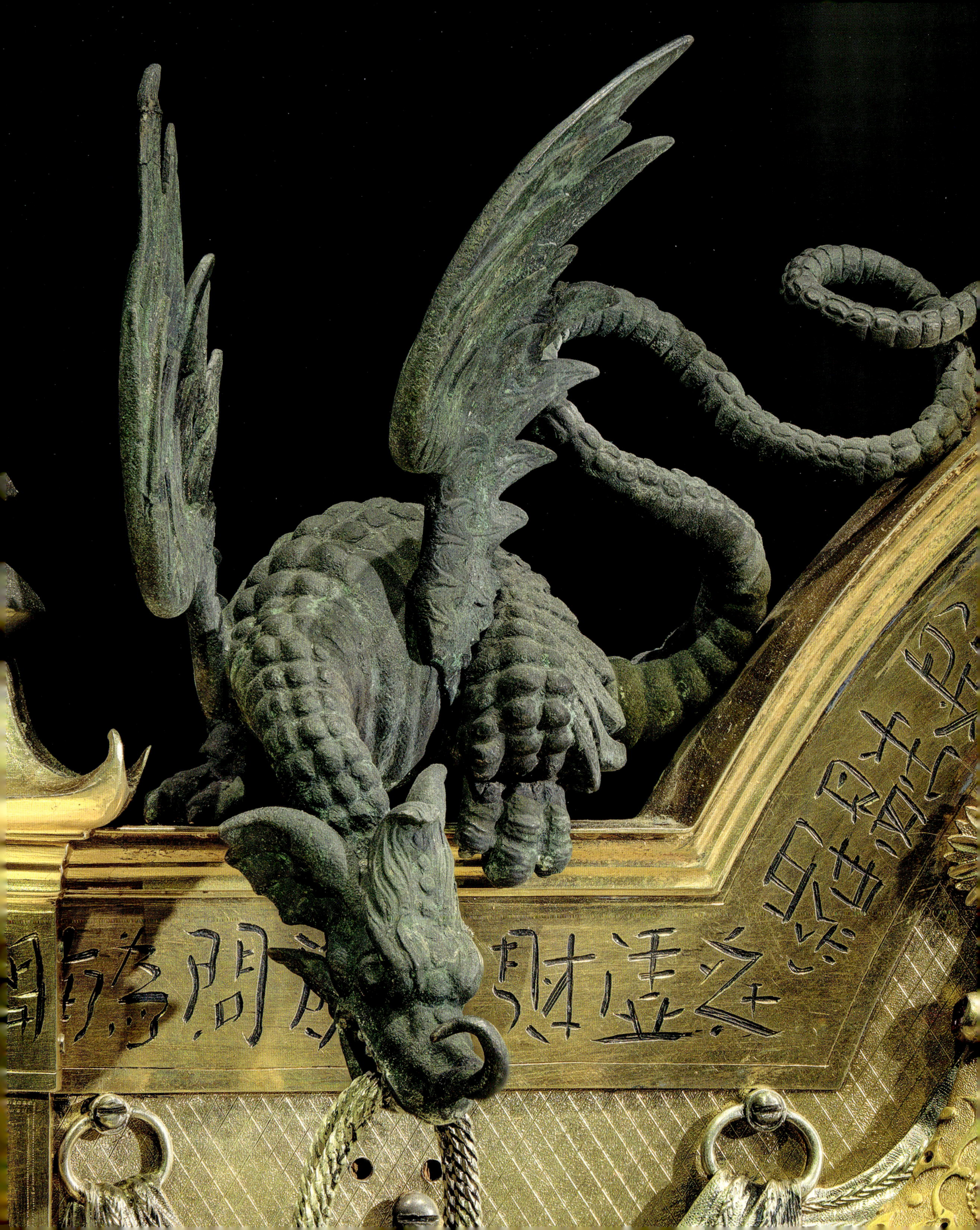

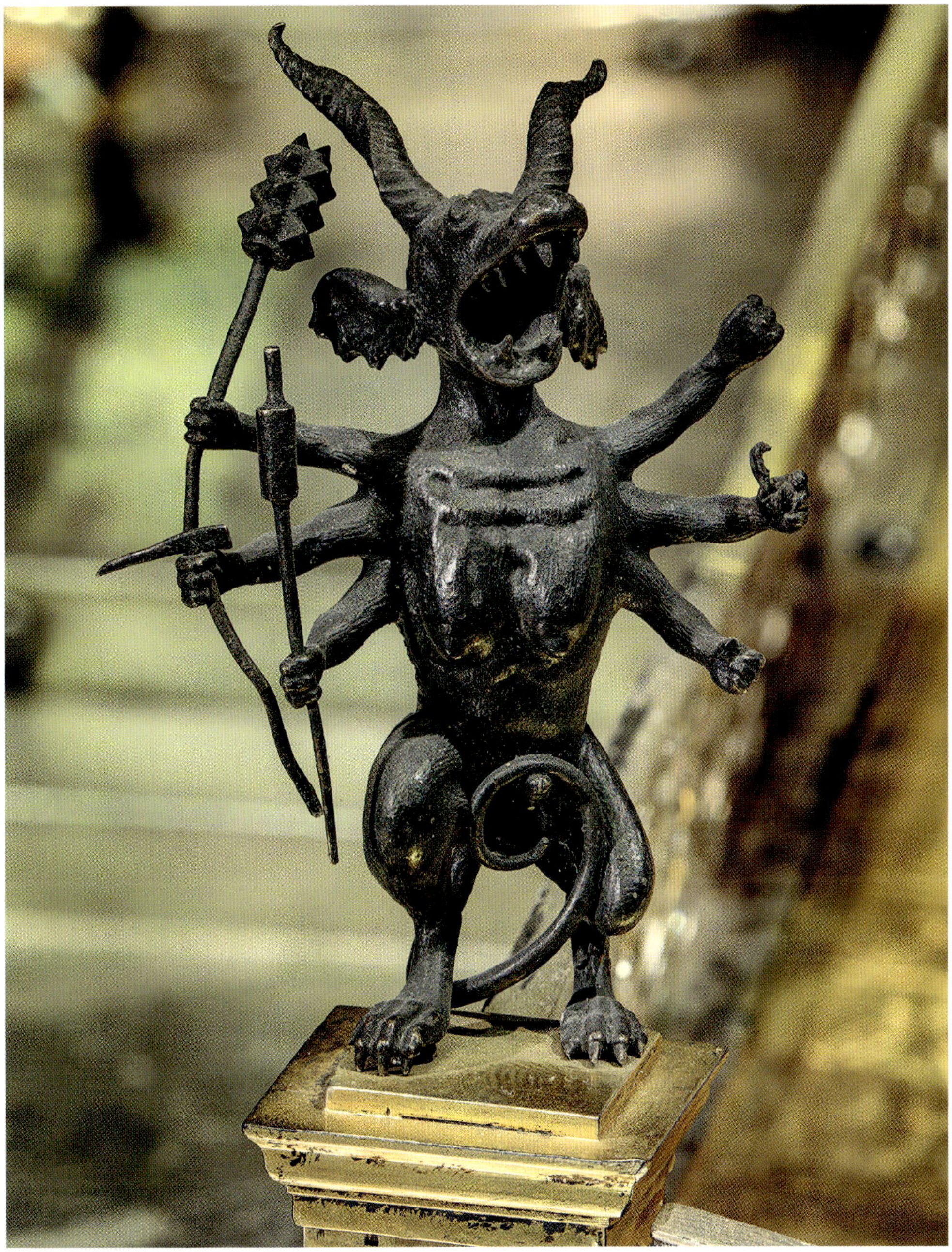

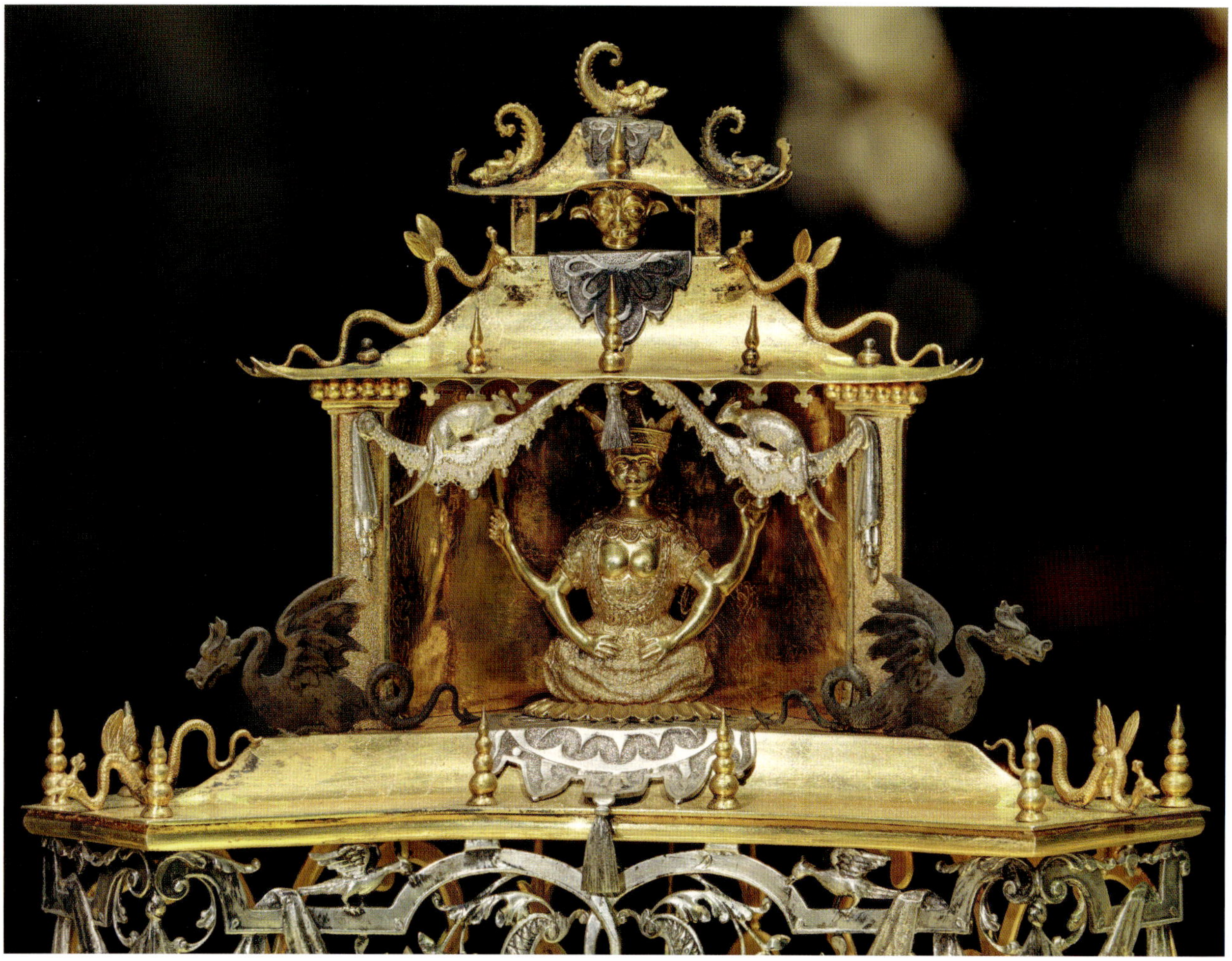

Die früheste erhaltene Abschrift von Dinglingers »Special Beschreibung« ist dem »Nachtrag zum Pretieussen Cabinet Stücken-Inventario« vorangestellt

StA-D, 10009 (Kunstkammer, Sammlungen. Galerien), Nr. 34
(Nachtrag zum Pretiosen-Kabinettstücken-Inventario von 1733),
[zwischen 1725 und 1733]

transkribiert von Dirk Syndram und Christine Nagel

[fol. 1r]

1. Kurzer Entwurff der Magnificenz des großen Moguls, an seinen Geburths Tage bey Überreichung derer Geschencke.

Vorrede.

Gleichwie von undencklichen Zeiten her, unterschiedliche, sonderlich die Morgenländischen Nationes Ihre gekrönte souverainen Häupter, alß Numina zu veneriren, und Ihren allerunterthänigsten Gehorsam und tieffste Demuth an Tag zu legen, Dieselben theils an denen ordentlichen Neuen Jahrs- theils bey Ihren Crönungs- theils auch an Ihren Geburths- Tagen, nicht allein mit allerhand zierlich gesezten Glückwündschen, [fol. 1v] sondern auch mit kostbaren Geschencken, zu verehren gewohnet gewesen; Also wird auch noch auf den heutigen Tag dergl. Brauch under denen Ost-Indianischen Völckern, und sonderlich bey denen Unterthanen des großen Moguls gar genau in acht genommen. Allermaßen derselbe an seinem Geburths Tage sich aufs prächtigste deßwegen öffentlich praesentiret und von denen Grandibus seines mächtigen Reiches mit herrlichen Praesenten beschenket wird.

Und eben diese Solennitaeten alß in einem kurzen Begriff, nach Anleitung derer bewährtesten alten und neuen Autorum zu entwerffen, haben wir weder Zeit und Mühe, noch Kunst und Kostbarkeit uns abhalten laßen, sondern selbige, obschon nicht nach allen und ieden, [fol. 2r] iedoch nach den nöthigsten und wichtigsten Umständen, so, wie es am Tage ist, Sinn- und Kunstreich vorgestellet. Nachdem aber das ganze Werck sich dergestalt abgetheilet, daß anfangs die Magnificenz des großen Moguls und deßen prächtigen Thron, hernach die Splendeur des solennen Aufzugs derer Grandium, nebst ihren Praesenten; Und dann endlich unterschiedliche geheime, aus der Antiquitaet mit sonderbahren Fleiß und Kunst gesuchte Seltsamkeiten an denen wichtigsten Geschencken sich vors Gesicht stellen; So soll auch diese unsere Beschreibung auf eben diesen Dreyen Haupt Theilen beruhen, daß wir

In dem Ersten
Von der vortrefflichen, kostbaren [fol. 2v] und eigentlichen Figur des Throns überhaupt

In dem andern
Von dem ordentlichen Aufzuge derer Grandium bey Überreichung derer Praesente und

Im dritten
Von denen verborgenen Bedeutungen derer antiquischen Characteren an etlichen Geschencken mit nöthiger Erklärung handeln wollen.

Das I. Capitul.

Von dem Thron und dessen eigentlichen Gestalt insgemein.

Wenn wir die ganze Circumferenz des Throns und seiner Pertinentien nach dem verjüngten Maaßstabe accurat ausmeßen, so erstreckt sich dieselbe auf 82. Ellen in die Breite, und 60. Ellen in die Länge, [fol. 3r] oder Tieffe, so durch und durch von puren Silber, weiß und mit unterschiedenen Zierrathen nett radiret.

Außen auf denen Seiten herumb ist selbiger mit gewißen Säulen, geschloßenen Bögen und hellglänzenden Spiegeln umbschränckt, von fornen aber mit etlichen Stuffen erhöhet, und mit künstlichen Gallerien ausstaffiret. An deßen äußersten, gerade dem Thron gegen über ist auf einer sonderlichen inventieusen Stellage eine saubere, mit Diamanten versezte Wage zusehen, auf welcher der große Mogul an seinen Geburths-Tage, gegen Silber, Gold und Reiß gewogen, und solches hernach unter die Armen pfleget ausgetheilet zu werden. Mitten auf diesem Plaze siehet man eine Erhöhung von 9. Stuffen, ebenfalls aus Silber, aber [fol. 3v] sehr sauber vergoldtet, deren Breite 34. und deren Länge 30. Ellen ausmachen, und ist gleichmäßig mit einen zierlichen Gatterwerck, auf welchen 10. schwarze Drachen und 2. Sinesische Gözen, mit unterschiedenen Armen zu sehen, umbschloßen. Hinten am Ende erwehnten Raums praesentiret sich der Thron an sich selber von puren Golde, auf etlichen Staffeln erhaben, und mit sehr vielen, absonderlich Einen vortrefflichen großen Diamanten versezet; Über demselben wird ein überaus prächtiger Baldachin mit mancherley Decken, da eine über die andere gleichsam geschoben, und mit emaillirten Couleuren unterschieden, zugleich auch mit schönen Diamanten, Perlen und Rubinen reichlich verzieret, von zwey großen schwarzen [fol. 4r] Drachen empor gehalten, und von fornen her von zwey Säulen, daran Schilder, Pfeile, Bögen, Säbel und Hauer, als Sinesische Armaturen aufgehencket zu sehen, unterstüzet. In der Mitte des Thrones zeiget sich eine große Sardonichs-Platten, auf welcher eine hellglänzende Sonne, und in derselben ein zierlicher Löwe, so des großen Moguls Symbolum; Ueber gedachter Platte aber ist ein großer Pfau, nebst zwey darneben stehenden Säulen, mit sehr schönen Smaragden versezt, zu sehen, zu beyden Seiten des Throns sind zwey nette oval-Platten von dem Lapide Lazuli, mit goldenen Figuren oder Gözen Bildern, nebst noch anderen künstlichen und sehr mühsamen Zierrathen, auch vielen Diamanten umbgeben. Noch weiter zur Seiten sind [fol. 4v] zwey sonderliche Zellen oder Capellen, in welchen ein gewißes Gözenbild Bavani genanndt, mit vier Armen, auf einer Rosen sizende anzutreffen, und endlich noch ferner zu ieglicher Seiten zwey andere dergleichen Zellen zu sehen, in deren ieder ein Sinesisch Gözenbild, auf Tapeten sizend, zu finden ist. Auf diesem, einigermaßen beschriebenen Thron, welcher auf das allerfeinste und netteste, mit unbeschreiblichen kunstmäßigen Fleiß und Mühe ausgearbeitet ist, praesentiret sich der große Mogul an seinem Geburths Tage in seiner grösten Herrlichkeit, auf einen rothsammten Polster, mit Creuz weiß unter sich geschlagenen Beinen in einen überaus prächtigen Habit; Neben ihm stehen zwey Verschnittene mit Wehern, [**fol. 5r**] umb damit die Lufft zu bewegen, und Kühle zu machen. Gleich vor Ihmen stehen vier Omrahnen mit bloßen Schwerdern, und dann endlich siehet man 10. andere geringere Bediente mit Schildern und Streit Kolben, welche gleichsam den Thron schließen [in roter Schrift nachgetragen: Danach stehen auf ieder Seite 2. Bediente, die Baldaquins tragen].

Das II. Capitul.

Von dem ordentlichen Auffzuge derer Grandium und ihren Geschencken.

So bald nun der große Mogul an erwehnten Seinem jährlichen Geburths Tage, in der höchsten Pracht den Thron beschritten, alsdann erscheinen auf gegebene Loßung alle die Vornehmsten seines mächtigen Reichs mit Ihren Praesenten in nachfolgender Ordnung:
Erstlich prae// [**fol. 5v**] sentiret sich Chan Chanon, das ist ein Fürst derer Fürsten, auf einem schönen, mit rothen Sammt und Gold gestückten Seßel sizende, von vier Bedienten getragen, unter einem mit roth und gold emaillirten Baldachin, welchen zwey andere halten; vorher gehen noch drey absonderliche, die den Titul und zwey Weher tragen; Endlichen folgen zwey Bediente mit Fahnen, welche alle in roth gesprengt gekleidet; Und stehet diese Parthey auf der linken Seiten, zuförderst gegen der Treppen; die Geschencke, welche gedachter Chan Chanon offeriret, sind:
Zwey überaus künstliche und inventieuse Pyramiden, deren die eine den Sonnen- die andere den Monds Wagen vorstellen. [Anmerkung in roter Schrift: wobey zwey betende Figuren]. Und dann auch [**fol. 6r**]
Eine vortreffliche Fontaine mit einer Cuvette.
Diesem folgt Mir Miron, ist so viel gesagt, als Ein Herr der Herren; Er wird in einem künstlichen Seßel, mit bleumourant, schwarz und gold emailliret, von vier Persohnen auf den Achßeln getragen, Fünff [**korrigiert in:** 6.] Bediente gehen vor und nach, mit unterschiedenen Signis; Sind alle in blau und weiß gekleidet, und haben ihre Stelle auf der rechten Seiten des Throns bey den fördersten zwey kleinen Treppen. Die Praesente welche er überreichet sind:
Ein weißer Elephante, mit einem prächtigen Baldachin
Ein Cameel, auf türckisch ausgepuzt, und
Ein türckisch Pferdt, von einem Mohren geführet, Hier// [**fol. 6v**] rauf erscheinet Chani Alem, oder der Fürst des Volcks, gehende unter einem, mit weiß, grün und gold bordirten und von vier Persohnen getragenem Baldachin; Ein kleiner Mohr hält deßen Talar, vier andere Bediente gehen vor und nach, und haben ihre gewiße Signa, so alle Mohren, in weiß und grün gekleidet; Haben ihren Plaz auf der lincken Seiten des Throns in der Mitten, seine Geschencke sind:
Ein Jagd Elephante mit etlichen Mohren und Tieger Thieren,
Ein Tieger-Pferdt, von einem Mohren geführet, und
Zwey Jagd-Hunde, welche auch von einem Mohr geführet werden.
Dann praesentiret sich der Primo Vezier, oder Reichs Canzler, zu [**fol. 7r**] Fuße, unter einen schönen mit violet und gold emaillirten Baldachin, oben mit einem Vogel, von zwey Persohnen gehalten. Hinter ihm wird sein Schild getragen; Vor und nach gehen sieben andere Bediente in violet und weiß, mit denen Geschencken; Und stehen zur rechten Seiten des Throns in der Mitten; deßen Praesente sind:
Ein Cameel auf Persianisch gepuzt, nebst dem
Zwey hieroglyphische Hände.
Hernach zeiget sich Wasanbassi, oder Schazmeister; dieser stehet unter einem gevierdten Baldachin von grün und gold, welcher von einen Mohr getragen wird; Zwey gehen vorher mit Wehern, und noch andere drey so gleichfalls Mohren, mit bunden Federn gekleidet, und [**fol. 7v**] im Aufgehen der Treppen stehen, bringen die Geschencke, welche sind:
Ein laquirter Tisch mit zwei Geridons
Zwey kleine Fläschgen und
Ein Hund, von einem Mohr geführet.
Weiter folget Rassi, der ein Herr ist über 12000. Pferdte; Er gehet unter einem Baldachin von einer Persohn getragen; Vier seiner Bedienten braun und weiß gekleidet, im Hinaufgange des Throns auf der lincken Seiten stehende, haben folgende Geschencke:
Eine prächtige Vasen und
Ein Trag Bette
Ferner gehet Nassir, des Königs Hoffmeister, unter einem Baldachin, welchen ein Bedienter hält; Vier andere, so alle in weiss und rothge// [**fol. 8r**] streifft gekleidet, und auf der rechten Seiten des Throns im Hinaufgange ihren Plaz haben, tragen deßen Praesente, nehmlich:
Eine große Vasen, und
Eine schöne Schlag- und Repetier-Uhr,
Auf diesen folget Nabab, der ein Herr über 12000. Pferdte ist; Er steht unter einem Baldachin, von einen Bedienten getragen, zuförderst des Throns auf der lincken Seiten, dem Chan Chanon eine Reverenz machend; Vier andere seiner Bedienten, in grün

und bleumourant gekleidet, haben die Geschencke, alß:
Ein sauberes Horn, daraus zutrincken,
und
Einen schönen Pocal,
Hiernechst kömmt Omrahm Nabab, der Stadt-Pfleger, welcher seine [**fol. 8v**] Reverence auf der Erden liegend, nebst zwey seiner Bedienten, vor dem großen Mogul machet; Ein Bedienter hält den Baldachin und zwey andere die Praesente, welche sind:
Zwey Lavoire mit Gieß Kannen,
Ein Vogelbauer und
Zwey Schäalgen von Jaspis.
Weiter zeiget sich Vaikea Neuis, ein Aufseher, hat seinen Plaz zuförderst des Throns, auf der rechten Hand, machet vor dem Mir Miron einen Reverenz, und läßt seine Geschencke durch zwey seiner Bedienten auspacken, welche sind:
Eine kleine gehende Uhr,
Drey kleine Spiegel,
Der kleine Atlas,
Zwey Pocale von Granaten,
Ein [**korrigiert in:** Zwey] Pocal aus Gold Item
[**fol. 9r**] Degen, Pistohlen, auch andere Stücken mehr, alß: Meßer, Scheeren, Petschafft und dergleichen.
Nach diesem erscheinen zwey Omrahmen, deren einer auf der rechten Seiten im Vorgemach stehet, und sein Praesent zeiget, so da bestehet in:
Einem großen Spiegel [**Nachtrag in roter Farbe:** nebst 2. Bedienten],
Der andere stehet auf der lincken Seiten mit zwey Bedienten, in weiß mit schwarzen Puncten bestreuet, gekleidet, hat
Ein kostbar Caffée Zeug [**Nachtrag in Roter Farbe:** und einen Spiegel].
Endlich siehet man bey der Wage einen Bramin alß Schaz Schreiber, nebst einem Hassanisten, oder Mohren, welche das abgewogene Gold, so denen Armen ausgetheilet wird, berechnen, unter ein prächtigen Baldachin, von einem Mohr ge// [**fol. 9v**] tragen; Und lezlich sind noch Eilff andere Figuren, oder Persohnen, von Condition, alß Spectatores, die den Etât und die Geschencke betrachten.

Das III. Capitul.

Von etlichen Antiquischen Figuren, und deren eigentlichen Bedeutungen.

Obgleich unter denen ieztgedachten Praesenten unterschiedliche künstliche und sinnreiche Dinge anzutreffen; die etwas bedeutliches in sich haben, So wollen wir doch alhier, weil solche nicht schwer zu errathen, nur die Vornehmsten und wichtigsten ausmachen, und in etwas erläutern: Die beyden Pyramiden, welche Chan Chanon praesentiret, stellen, wie schon gemeldet, den Sonnen- und [**fol. 10r**] Monds-Wagen für, von beyden aber klärlich zu handeln, dienet folgendes zur Nachricht: Was anfangs anlanget

Den Sonnen Wagen,

muß man vor allen Dingen wißen, daß die blinden Hayden, ob sie gleich aus dem Lichte der Natur einiger maßen erkanndt, daß ein Summum Numen, oder höchste Gottheit sey, von welcher alles andere ursprünglich dependire, dennoch nie begreiffen mögen, was dieses eigentlich in seinem Wesen seye, weiln ihnen das Buch der heiligen Schrifft, woraus diese aller seeligste Erkänntnüs muß studiret werden, versiegelt und unbekandt blieben; dahero es denn kommen, daß sie solches von ihnen geglaubtes Numen bald auf diese, bald [**fol. 10v**] auf eine andere Arth, unter mancherley und seltsamen Figuren, nachdem sie deßelben Eigenschafften sich eingebildet, und solche einiger maßen zu exprimiren gemeinet, göttlich verehret; Unter anderen aber ist doch faßt bey allen die gemeine Meynung dahin gangen, daß sie so leicht nicht irren könnten, wenn sie diese höchste Gottheit in den aller obersten Orth, der die ganze Welt umbgiebet, locirten, und weiln nun dieser, der Himmel nehmlich, nichts herrlicheres besizet, als die am selben ausgestreckten vortrefflichen Lichter, sonderlich das große Welt Auge, die Sonne; So haben diese auch eben solche vor den höchsten Gott gehalten; und ihr nebst dem Mond den höchsten Dienst erweisen: denn indem [**fol. 11r**] die armen Leuthe sich an dem äußerlichen Schein dieses edlen Geschöpfes sich vergaffet, und daher in die größte Verwunderung gesezet worden, wenn sie entweder derselben ungemeine Schönheit und Glanz, ihre ungewöhnliche Größe, damit sie die Erdkugel 160. mahl übertrifft, ihrem schnellen Lauff, nach welchen sie in einer Minute 16666 2/3. Meilen zurückeleget, ihre durchdringende Würckung, indem sie alles zu seinem völligen Reiffen und Wachsthumb kräfftiglich erwärmet, und die durchgangige Nothwendigkeit ihres Lichtes zu allen menschlichen Vorrichthungen genau betrachtet; Oder daß sie durch ihre Bewegung vom Morgen gegen den Abend zu, die Tage, und durch ihr Ausweichen von Mittag nach [**fol. 11v**] Mitternacht zu, die Jahr-Zeiten dermaßen accurat abmißet, daß nicht ein Augenblik zu wenig oder zuviel ist, bey sich selber wohl überleget; so ists geschehen, daß sie darüber ihres wahren Schöpffers vergeßen, und an seiner statt, deßelben Geschöpff verehret haben; Wie denn auch in Wahrheit keine Abgötterey so alt, noch so weit ausgebreitet, als eben diese mit der Sonnen: Ihr Alterthumb hat uns der fromme Hiob, welcher nach der 70. Dolmetscher, ingleichen des Theodosii und Olympiodori Meynung des Esaus Nachkommen gewesen, zimlich deutlich gewiesen, wenn Er cap: XXXI. 26. 27. V. sich also expectoriret: Er habe niehmals das Licht angesehen, wenn es helle [**fol. 12r**] geleuchtet, noch den Mond, wenn er voll gangen: Sein Herz habe sich nie heimlich bereden laßen, daß sein Mund seine Hand geküßet; Und damit zweifels ohne auf die uhralte Gewohnheit der Heyden gezielet, nach welcher diese blinde Anbether aus sonderlicher Ehrehrbiethung gegen die Sonne, die Hand küßeten; In welchen Fußtapffen auch noch auf den heutigen Tag die Sineser, Japaner und andere Indianische Völcker redlich nachfolgen, von welchen gleicher gestalt die Sonne unter mancherley Figuren und Benennungen göttlich verehret wird. Und eben dieses etwas deutlicher zu exprimiren, prasentiret sich an unserer Sonnen-Pyramide [**fol. 12v**]

Auf der Erste Seite

Der Abgott Holocan.

Dieser wird zwar von denen Sinesern nicht vor die Sonne selbst gehalten, iedoch aber zu sonderlichen Zeiten im Jahre, wie der Sonnen Wagen, mit gewißen Dienste göttlich verehret: Denn von diesen Holocan glauben sie, daß er, nachdem es ihm etwas beliebe oder der Menschen Boßheit ihn beweget, mit seinen Händen so wohl den Glanz des Monden, alß der Sonnen der Untern Welt benähme, dahero er auch so gebildet wird, daß er mit der rechten Hand die Sonne, und mit der linken den Mond bedecket, und hierdurch die Monds- und Sonnen-Finsternüße causire.

Unter diesem Holocan befindet sich

Eine Leyer,

Eine Pfeiffe und

Eine Cymbel,

und dieses [**fol. 13r**] darumb, daß dadurch die allerlieblichste Harmonie, oder Zusammenstimmung derer Spharen möge angedeutet werden, alß welche in ihrer Bewegung, so lediglich von der Sonnen verursachet wird, die schönste Ordnung zuhalten pflegen, daß sie, nachdem die Sonne ihnen ihre Tugend-Krafft einflößet, entweder schnell, oder langsam sich moriren. Ferner siehet man zur rechten Hand

Den Planeten Wagen Luna.

Dieser wird von Hirschen gezogen, weil der Mond seinen Lauff gleich diesen Thieren, mit unglaublicher geschwinder Bewegung verrichtet, als der unter allen Irr-Sternen den kleinsten Umbschweiff erlanget. Zur lincken Hand wird man gewahr [**fol. 13v**]

Des Martis Wagen,

von Pferdten gezogen, welche Ovidius Furcht und Schrecken nennet, in dem bey des Kriegs Anfange, der dem Marti zugeeignet wird lauter Furcht und Schrecken vorher zugehen pfleget.

Über dem Holocan in der Mitten prasentiren sich diese vier Himmels Zeichen:

Der Steinbock, Der Löwe,

Die Wage und Der Scorpion,

weil solche die Sonne zu gewißer Zeit im Jahre, wie auch die folgenden durch zu lauffen, und ihre sonderliche Würckung der Unter Welt unterschiedlich mit zutheilen pfleget und gewohnet ist: denn, wenn sie in Steinbock tritt, verursachet sie durch ihren engen Circul und Zurückhaltung derer Strahlen, die [**fol. 14r**] hefftigste Kälte, schließet die Erde gänzlich zu; und bringet sie von bißheriger Bemühung gleichsam völlig zur Ruhe; Im Löwen entzündet sie die Lufft, und machet durch ihre penetrante Wärme und Durchkochung derer Feuchtigkeiten allerhand Früchte zeitig; In der Wage theilet sie die Länge des Tages und der Nacht in gleiche maße ein; und im Scorpion wäßert sie durch den feuchten Orion die durch Hize zur heißesten Sommers-Zeit faßt verdorrete Erde.

Weiter in der Höhe ist zusehen:

Ein Schild mit allerhand beygesteckten Armaturen.

Und wird durch das Schild unsere halbe Erd Kugel, so in eben der Form sich praesentiret, durch die bey gesteckten Armaturen aber, der Son// [**fol. 14v**] nen kräfftige Strahlen abgedeutet: Denn, wie jene mit großer Empfindlichkeit, wo sie auftreffen, das ihrige verrichten; also durchdringen die heißen Sonnen Strahlen die heimlichsten Örter der Erden, mit großen Nachdruck.

Ganz oben zeiget sich endlich an sich selber

Der Sonnen Wagen, oder **die Phoebus.**

Auf der andern Seite

ist zu sehen

Der Abgott Kanon.

Diesen vorehren die Sineser ebenfalls wie jenen, mit gleicher Reverence und Götzendienst: denn derselbe, ihrem Vorgeben nach, der weise Schöpfer der beyden großen Welt-Lichter, des Monden und der Sonnen bevor, seyn soll. Unter [**fol. 15r**] ihme sind vier Gefäße von unterschiedlicher Gattung anzutreffen, nehmlich:

Eines von Bley,

Das andere von Silber,

Das dritte von Eisen, und

Das vierte von Kupffer,

womit das Temperament derer Witterungen bedeutet wird: denn davon giebt uns Martianus Capella in 1.ten Buch seiner Phiologia diese Nachricht:

Alß Mercurius und die Tugend wegen ihrer Vermählung eine Reise nach der Sonnen, oder dem Apolline angestellet, sie hierüber umb Rath zufragen, hätten sie dieselbe auf einem erhobenen Stuhle, also sizend angetroffen, daß vor ihr obbenanndte vier Gefäße getsanden, welche sie eröfnet, und bald in dieses, bald in jenes gesehen; [**fol. 15v**] In ieglichen wären die Saamen und Elemente aller Dinge: Das erste so von Bley, wäre voll wäßerigen Winters, strenger Kälte und Reiffes; das andere, so von Silber wäre mit hellglänzender Heiterkeit, und ausgeklärter reiner Lufft; das dritte von Eisen wäre mit einer hellbrennenden Flamme von der darinnen verborgenen Materia; und das vierdte aus Kupffer, mit dem Saamen der ganzen Lufft angefüllet

gewesen; Aus diesen vier Gefäßen schöpffte Apollo, oder die Sonne bald da, bald dort, so viel genug wäre, und nachdem sie der Untern Welt gesunde und liebliche, oder aber ansteckende und grimmige kalte Lüffte, zum Vergnügen oder Straffe geben wolle; Und weill demnach gedachter **[fol. 16r]** Autor nichts andres hierunter anmercken, alß daß aller Unterscheid der Jahrzeiten und Witterungen von der sonnen herrühre, und die Lufft durch ihre mitgetheilte Krafft mancherley Eigenschafften an sich nehme, woraus bald gesunde, bald verderbliche Zufälle entstehen müßen.
Zur rechten Hand zeiget sich
Der Planeten Wagen Veneris,
welchen ein paar Tauben ziehen, denn diese Vögel sich am besten zur Venus schicken, auch deßwegen Venus-Vögel genennet werden, weil sie sich zupaaren sehr begierig sind, und keiner Zeit des Jahres sich deßen zu enthalten, aussezen. An der linken Seiten siehet man
Des Saturni Wagen,
der von eine paar Ochßen, die einen **[fol. 16v]** ziemlich langen Schritt führen, gezogen, weil dieser Planet sehr langsam seinen Circel umbgehet. Über dem Kanon sind wiederumb
Vier Himmelzeichen:
Der Krebs, Der Stier,
Der Widder und die Zwillinge.
zusehen, allermaßen auch darinnen, wenn die Sonne eines von diesen betritt, unterschiedliche Würckungen zu spühren sind: denn im Stier verlängert sie den Tag und befeuchtet mit lieblichen Thau den in die Erde geworffenen und herfür grünenden Saamen; Im Widder machet sie abermahls Tag und Nacht gleich, erwärmet die Felder, verzehret die überflüßigen Feuchtigkeiten und machet alles wachßend und fruchtbar; In Zwillingen bringet sie den Tag ins zunehmen, und **[fol. 17r]** durch Erwärmung der Erde allerhand Kräuter und Blumen, so sie bemahlet, auf das Feld, und bringet die grünenden Halmen und reiffenden Ähren empor; Und im Krebs machet sie den längsten Tag und die heißeste Sommers Zeit.
Oben auf sind wiederumb einige Armaturen, welche eben das, was über dem Holocan angemercket, in sich begriffen.
Auf der dritten Seite
erblicket man
Den Abgott Osiridem
dem auch die Egypier zuweilen in Habichts Gestalt gebildet, welcher Vogel überaus schnell fliegen kan, und ein unvergleichlich scharff Gesichte hat; Dahero er von ihnen als der Mann der Isidis, oder des Monden und vor die Sonne gehalten und **[fol. 17v]** geglaubet wird.
Unter ihm ist zusehen
Ein Lorbeer-Cranz
Ein Löwenhaupt,
Ein Lorbeer Baum und
Ein Scepter mit einem Auge.
Mit dem Lorbeer Cranz wird unstreitig gesehen auß dem Brauch derer Alten, welche das Haupt mit Lorbeer-Zweigen umbwanden, sich also schlaffen legten und dadurch im Traum dasjenige, was sie verlangten, zusehen bekamen: Deßwegen auch die Poëten mit einem Lorbeer Cranze bekrönet wurden, weil sie meineten, daß dadurch die Leute unter dem Schuz der Sonnen und deren gütigen Influenz wären; Das Löwen Haupt deutet an, daß die Sonne, wenn sie am Himmel an das Zeichen **[fol. 18r]** des Löwen komme, so dann die größte Krafft habe; Oder, weil man die Sonne unter denen andern Himmels Lichtern eben so hoch, als den Löwen unter den Thieren halten mag; Und wie die Alten einem iedweden Gott nicht allein seine sonderbahre Thiere, sondern auch gewiße Bäume zugeeignet; Also haben sie auch der Sonne den Lorbeerbaum zu geeignet, und geheiliget, und damit auf die Fabel der Daphne gezielet, welche Apollo sehr liebte und in einen Lorbeerbaum verwandelt; Das Scepter mit einem Auge war bey denen Egyptiern eines von denen nachdencklichsten Sinnbildern, wodurch sie unter andern den Apollinem oder die Sonne beschreiben wollten: denn mit dem Scepter bedeuteten sie die allgemeine Herrschaft **[fol. 18v]** derselben, über den ganzen Erd-Creyß; durch das Auge aber ihre hohe Weißheit und Klugheit, weil sie alles genau in Augenschein faßte und darnach urtheile.
Zur rechten Hand wird man gewahr
Den Planeten Wagen Mercurii,
dieser, weil er vor einen Gott der Kauffmannschafft, des Gewinstes und anderer Künste gehalten wird, wird von Hähnen gezogen, und damit angedeutet, daß die Menschen, welche darinnen was rechtes profitiren wollen, stets fleißig und als ein Hahn wachsam seyn müßen. Auf der lincken Hand siehet man
Des Jovis Wagen,
von Adlern gezogen; Denn weil dieser unter denen Göttern vor den weißesten und vortrefflichsten gehalten wurde, sind ihm auch die **[fol. 19r]** hoch sich schwingenden und scharffsichtigen Adler zugeeignet worden. Über besagten Abgott sind, wie vorher über denen andern auch, nachfolgende
Vier Himmels Zeichen,
Der Waßermann, Der Schüz,
Die Fische und Die Jungfrau,
Im Waßermann steiget die Sonne, nachdem sie vorher am tieffsten gangen, wieder auf die höhern Circel, und vertreibet die bißherige Gewalt der Kälte von dem Erdboden; Im Schüzen ziehet sie ihre sonst erwärmende Strahlen durch ihr allzu fernes Abweichen fast ganz vom Erdboden, und verursachet dagegen lauter Schnee und hefftige Kälte; Im Fischen öffnet sie die bißher

mit Eiß überzogenen Flüße und erweichet den harten **[fol. 19v]** Erdboden, daß der hinein gestreuete Saamen herfür wachßen kann, und endlich in der Jungfrau lindert sie aber mahl die hizige Lufft, und praepariret die Erde durch gelinde Näße, uf den bevorstehenden Herbst. Ganz oben siehet man abermahl einige Pfeile und Bogen, womit, wie schon angeführet, die Strahlen der Sonnen und ihre Würckung angedeutet werden. Auß denen drey Ecken ist zusehen:

Ein Schwan, Ein Rabe und
Ein Hahn.

Alles dreyes als Bilder, welche der Sonnen zugeeignet worden: Mit dem Schwan wird zu verstehen gegeben eine Abbildung des hellen Tages, den uns der Sonnen Gegenwartt mittheilet; Wie denn einige wollen, daß kein Vogel des Apol// **[fol. 20r]** linis Natur beßer gleiche, als eben der Schwan, weil er mit seiner vortrefflichen weißen Farbe derselben Licht abbildet, und im Gesang die lieblichste Harmonie machet, welche auch Apollo mit seiner Harffe, Leyer und Cymbel zu wege bringet; der Rabe aber ist der Sonnen deßwegen gewiedmet, weil man dafür gehalten, es sey Apollo sonderlich in der Wahr- und Weißagungs-Kunst erfahren gewesen, und der Rabe durch einen natürlichen Trieb sowohl Regen, als schön Wetter, und zwar bißweilen mit heller, unterweilen auch mit rauher Stimme vorher verkündiget; Endlich ist auch dem Apollini ein Hahn geheiliget, weil er mit seinen Geschrey der Sonnen Ankunfft frühmorgens an- **[fol. 20v]** meldet, dahero denn auch mag kommen seyn, daß die Alten zum öfftern aus seinem zu gewißer Zeit beschehenen allzu frühen, oder langsamen Krehen, bald glückliche bald unglückliche Fata geschloßen.
Weiter auf denen drey Ecken zeigen sich

Drachen, Schlangen, Würmer und
allerhand Ungeziefer.

Als Creaturen, die durch der Sonnen Würckung theils generiret, theils in ihrer Krafft erhalten werden. Innwendig auf dem Postement ist

Das Signum Salutis

zu sehen, welches in dreyfacher, von 5. Linien in einander geschlungener Triangul, oder Dreyeck ist, darinnen das griechische Wort ΥΓΙΓΙΑ, Salus /: heißt **[fol. 21r]**
so viel, als Heil und Gesundheit :/ gelesen wird; dieses war des Aesculapü Tochter Nahme, welcher nebst dem Vater von denen Alten göttliche Ehre erwiesen wurde; Es wird aber damit hauptsächlich darauf gedeutet, daß der Lufft, welche durch den Aesculapium gemeinet ist, von der Sonne dergestalt von ihrer gifftigen Unreinigkeit gesäubert werde, daß sie denen Menschen gesund und heilsam seyn muß.
Von dem Sonnen Wagen sey es also genug gesagt; Nun wollen wir auch von der anderen Pyramide, oder von

Dem Monds Wagen

handeln: Denn wie die Sineser die Sonne göttlich verehret, also sind sie auch über den Monden leicht auf **[fol. 21v]** diese abgöttische Grüllen gefallen, daßelbe, gleich denen Egyptiern gelernet /: von welchen sie ihre meiste Abgötterey gelernet :/ unter mancherley Nahmen und Gestalten zu veneriren; Wie denn auf unserer Pyramiden

An der Ersten Seite

Zu sehen ist

Die Göttin Pussa.

diese, darunter die Sineser nach Piery lib: 39. Hieroglyph: c. 3. observation zugleich auch die Isidem verstehen, sizet über einer Egyptischen Seeblumen, mit gar seltsam gefalteten Händen, in sehr bescheidenen, doch gravitaetischen Ansehen, aus deren rechten und linken Seiten 8. unterschiedliche Arme herfür ragen, und hält iegliche Hand derselben was be// **[fol. 22r]** sonders, so schwer zu errathen, ob es Schwerdter, Spieße, Helleparthen, Früchte, Räder, oder was es sonst seyn sollen. Die Gelehrten und klugen Sineser verstehen durch diese Pusa, die sie auch mit 16. Armen vorzustellen pflegen nichts anders, als die Krafft, Macht und Gewalt der gütigen Natur in allen Dingen; Allermaßen ihrem Vorgeben nach, wie der berühmte Athan: Kirch: in China illust: P. III. c. 2. f. 141. angemerket, China in die 1600. Jahr unter dem Schuz dieser Göttin guten Frieden genoßen, und gleichsam 16. güldene Secula durch in flor gestanden habe. Es sizet aber gemeldt Göttin auf einer Egyptischen Seeblume, anzudeuten, daß, weil diese Pflanze stets **[fol. 22v]** über Waßer schwebet, die natürliche Feuchtigkeit durch dem gütigen Einfluß des Monden eine Ursache aller Dinge sey, worinnen die Sineser mit denen weisen Egyptiern gleiche Gedancken hegen, welche durchgängig das Waßer vor den Anfang des allgemeinen Wesens hielten; Überhaupt aber gedachte Pussa von diesen blinden Leuten als die höchste Göttin der Fruchtbarkeit verehret, und angebethet: denn sie glauben festiglich, daß durch ihren Trieb alle Dinge fruchtbar gemacht und in ihrer Krafft erhalten werden; Weßwegen auch unter ihr

Zwey Getreyde-Garben
Zwey Waßer-Gefäße und
Ein angefülltes Frucht Körblein

So insgesamt die von ihr herrühren// **[fol. 23r]** de Fruchtbarkeit bemercken, zusehen seyn.
Ferner äußert sich zur rechten Hand dieser Göttin

Ein mit Palmbäumen geziertes
fließendes Waßer,

und wird damit auf dem Nil-Strohm in Egypten gezielet, von dem man weiß, daß das ganze Land im Frühlinge überschwemmet, durch den ausgeführten Leimen wohl gedünget und durchgängig zu Zeugung edler Früchte, durch des Monden wundersamen Einfluß glückseelig gemacht wird; Mit denen Palmen aber, wird auf

die Fruchtbarkeit des Monds an sich selber gesehen: Wie dem Baronius Tom: 1. Annot: ad Annum Christi XCVIII. No. 17. meldet, daß der Palmzweig bey denen Egyptiern **[fol. 23v]** ein Sinnbild des Jahres abgegeben, weil derselbe allezeit, wenn der Mond neu aufgehet, neue Äste bekömmt, also, daß 12. Zweige gerade ein ganzes Jahr machten; Andere Anmerckungen zugeschweigen.
Zur lincken Hand siehet man

Ein Korn-Maas mit Getreyde-
Säcken und **einem Streich Holze,**

und dieses daher, weil die Isis, oder Sinesische Pussa, welche Macrobius für die Erd Mutter selbst gehalten, die Gebärerin aller Früchte seyn soll; Denn es würden, wie Dioclorus berichtet, im Umbgange unter andren auch ein Frucht Maaß oder Korn Meze, nebst Weizen und Gersten getragen, zu bezeugen, daß sie die Erfinderin solcher **[fol. 24r]** Früchte sey, dahero auch geschehen seyn mag, daß diese Isis vor die Frucht Göttin Ceres selbst nach der Zeit gehalten worden. Über der Pussah ist in der Mitten

Der Globus Coelestris,

mit allen seinen Signis, der sich zwischen denen drey Ecken der Pyramiden auf allen Seiten drehet, welches von dem Astronomischen Studio der Sineser ein klares Zeugnüß giebet: Sintemahl die Betrachtung des Himmels, und genaue Observierung des Lauffs der Sonnen, Monds und Sterne, dieser Völcker allerälteste Wißenschafft ist, darinnen diejenigen, so durch Erb-Recht darzu bestimmet, sich sehr fleißig exerciren, und bestehet deren vornehmstes Amt darinnen, daß sie den Lauff der Sonnen **[fol. 24v]** und des Monds, wie auch der Finsternüße sorgfältigst ausrechnen, und den Neu-Mond, und andere Monds-Aspecten ganz accurat aufzeichnen, nachmahls ihre Observationes durchs ganze Reich ausbreiten und anzeigen, was bey iedweder Zeit zuthun, oder zu unterlaßen.
Hinter in die Höhe findet sich

Ein Begieß-Krug nebst unter
schiedlichen Instrumenten
zum säen und pflanzen.

Umb dadurch der Zeuge-Mutter aller Dinge, so wohl in Gärthen, als Feldern, zur nöthigen Fruchtbarkeit desto bequehmer fortzuhelffen. Ganz oben auf der Pyramide praesentiret sich endlich

Der Monds-Wagen,

oder die Göttin Luna. **[fol. 25r]**

Auf der andern Seite ist zu sehen:

Die Göttin Hecade

darunter auch gar füglich die Diana mag verstanden werden, allermaßen diese beyde Göttinnen nur dem Nahmen nach unterschieden, damit ihre unterschiedliche Kräffte und Würckungen, die man von dieser einigen Göttin herzufließen sich beredete, desto eigentlicher vor Augen gestellet würden; Dahero es auch kommen, daß man ihr ebenfalls, wie der Diana, Pfeil, und Bogen zuleget, weil sie sonderliche Beliebung zum Jagen gehabt. Hecade, von dem griechischen EXKIOV; heißt sonst, seiner Bedeutung nach, so viel, alß hundert; Und führet der Mond diesen Nahmen, entweder, weil ihme die alten auf 100. aus grünen **[fol. 25v]** Rasen gemachten Altären 100. Thiere zuopffern pflegten oder, weil deßen Einfuß so gütig, daß dadurch aus iedweden Körnlein 100. andere herfür gebracht werden; Es wird aber gedachte Hecade mit drey Gesichtern prasentiret und deßwegen von denen Poëten Triformis, oder dreygestaltig genennet, weil der Mond seinen Schein bey seinem Anfang, zu nehmen, und vollen Glanz dreymahl verändert, und allemahl gleichsam mit einen andren Gesichte sich denen Menschen vor Zeugen stellet.
Unter ihr siehet man

Ein Signum Salutis,
Eine Fackel und
Ein Sistrum, oder Klangspiel.

Das Signum Salutis, welches mit dem Buchstaben T. bemercket ist, ge// **[fol. 26r]** höret eigentlich zu denen Geheimen Merckmahlen derer Egyptier, womit sie die zukünfftige Glückseeligkeit, Heil und Leben zu verstehen geben wollen, von welchen es hernach auf andere Völcker gebracht worden; Denn dieser Buchstabe T. so wohl bey denen Griechen, alß Römern ein Zeichen des Lebens, gleichwie hingegen . ein Zeichen des Todtes und alles Unglück war; In welcher Erwegung die heydnischen Egyptier der Isidi, oder dem Mond solch Heil und Lebens-Zeichen zugeeignet haben, weil alle Pflanzen, Saamen, Kräuter und Gewächße ihr Leben und Fortkommen von ihr haben sollen; Wobey noch dieses zuerinnern, daß, da über gemeldten T. ein θ. gleich einem Ringe, anzutreffen, die Al// **[fol. 26v]** ten dadurch vermuthlich auß nichts anders, alß den Monds-Zirkul, oder Schein-Creyß in allen Monathen ihr Absehen gerichtet; Die Fackel kann dahin gedeutet werden, weil sie, wenn der Mond des Nachts scheinet, denen Reisenden den Weg zeiget, deßwegen sie auch Hegemone, eine Führerin und Nacht-Leuchterin genennet wurde. Das Klang-Spiel zielet außer Zweifel auf den Brauch der Alten, die bey Nachtzeit unter freyen Himmel auf ehernen, oder eisernen Gefäßen ein großes Gethöne machten, wenn etwa eine Monds-Finsternüße sich ereignete, umb hierdurch der Verdunckelung des Monds zu Hülffe zu kommen: denn die albern Leuthe bildeten sich ein, es litte der Mond durch Zauberey **[fol. 27r]** große Noth; Wie sich denn bey ihnen Leuthe funden, die sich rühmeten, daß sie durch ihre Zauberey stückgen auch wohl den Mond vom Himmel herab bringen könnten, wovon beym Virgilio in Pharmacentria zulesen.
Zur rechten ans der Hecade ist

Eine Hand auf dem Creuz oder
Scheide-Wege, nebst
Einem Vogel

zusehen: Denn diese Göttin wurde auf denen Scheide-Wegen sonderlich geehret, alß die an dergleichen dreyfachen Wegen meist zuwohnen pflegete; Daher sie auch Trivia, oder dreywegig genennet wurde; Allda wurde ihr nun von denen jenigen, so ihrer Hülffe verlangten, ein Hand geopffert, und mit unverständlichen Worten [**fol. 27v**] und grausamen Geheule das Gebeth verrichtet, reiche Leuthe aber brachten ihr Vogel und andere Dinge auf die Scheide-Wege, welches alsbald von denen Armen weggenommen wurde; Und dieses nennete man der Hecade Mahlzeit.
Ferner zeiget sich zur lincken Hand
Ein Ochse oder Stier, nebst
Zwey Hörnern
welches vielleicht dahin mag gedeutet werden, daß dem Mond von denen Egyptiern ein Ochße gewiedmet worden, auf deßen rechter Seiten sich ein weißlichter Flecken ereignete, der mit des Mondes Hörnern zuwachsen anfing, bey deßen Opferung nachmahls die Hörner aufgehencket wurden. Ganz oben findet man wiederumb [**fol. 28r**]
allerhand Feld- und Garthen-Instrumenta.
Deren Figur und Bedeutung von sich selber leicht zuerkennen.
Auf der Dritten Seite
prasentiret sich,
Die Göttin Lucina.
Unter diesem Nahmen wurde der Mond von denen Weibern veneriret, und sonderlich von denen Kreißerinnen angeruffen, daß er das Kind bald und ohne Gefahr an das Licht bringen wolle: Denn weil der Mond feucht, machet er offt, daß die Geburth leichter und geschwinde von statten gehet.
In der rechten Hand führet diese Lucina zwey Pfeile, dadurch die hefftigen Schmerzen zu bedeuten, welche die Weiber in der Geburth zu empfinden pflegen; In der lin// [**fol. 28v**] ken trägt sie eine Fackel, weil diese Göttin denen ungebrochenen Kindern gleichsam vorleuchtet und selbige ans Tageslicht befördert, worauf auch hauptsächlich mit ihren Nahmen Lucina, von dem Lateinischen Wörtlein Lux, gesehen wird.
Unter ihr stehet
Ein Schlüssel,
Camillen-Blumen
Das Kraut Diptam,
von dem Schlüssel berichtet Testus, man habe vor Zeiten denen Weibern einen Schlüßel bey zufügen pflegen, umb durch solch Instrument, womit die Thore eröffnet werden, ihnen eine leichte und glückliche Geburth zu verstehen zu geben; Die Schläffe dieser Göttin wurden von denen Alten mit Camillen und Dip// [**fol. 29r**] tam verbunden, anzuzeigen: Daß diese Kräuter, wenn sie denen gebährenden Weibern aufgeleget worden, große Würckung thun sollen./
Zur rechten Seiten der Lucina ist
Ein Schwein, nebst
Dem Neu-Mond
zusehen, weil, wie Herodotus berichtet, die Egyptier, der Luna, und sonst keinen andern Gott mehr, außer dem Bacho ein Schwein, und zwar zur Zeit des Neu-Monden, geopffert, und das Fleisch ohne Scheu zueßen gepfleget, sonst aber ein solch Thier nicht einmahl angerühret
Zur linken Hand wird man gewahr
Ein Lamm mit einem Teufels-Gesichte, denn
[**fol. 29v**] wer der Lunae, bevor unter dem Nahmen Hecade dienen, und ihren Beystand, besonders zur schwarzen Kunst, darinnen sie voraus erfahren sich aus biethen wolte, mußte zur Mitternacht, ganz blau gekleidet, gehen, und sich in einen gewißen Fluße baden, nachmahls an dem Ufer ein Lamm opfern und hernach ohne einziges Umbsehen davon gehen, nachdem er sie vorher gebührlich angeruffen, wiedrigens das Opffer verlohren, und von keiner Krafft war, da er denn im Zurückgehen ein gräßliches Geschrey von Hunden und dergleichen Dingen mehr hörete, auch allerhand entsezliche Teufels Larven und Gespenster zu Gesichte bekam, die ihn gewaltig zum Umbschauen an// [**fol. 30r**] reizeten.
Oben über der Lucina sind abermahls dergleichen
Feld Instrumenta,
wie über der Pussa und Hecade. Zusehen, welche mit jenen einerley Bedeutung haben, wovon bey iedweder absonderlich gehandelt worden.
Auf denen drey Ecken
sind endlich zusehen, auf ieglicher
Ein Maul,
weil, nach des Orpheus Meynung sich diese Göttin in mancherley Gestalt sehen und ihre Kräffte spühren laße, theils aus der Erden, allda sie Diana, theils aber in denen innersten Örthern der Höllen, woselbst sie Hecade und Proserpina genennet werde: Denn der Mond, wenn er sich vor uns ver// [**fol. 30v**] bieget, sich zu denen, so unter der Erden wohnen, zu begeben geglaubet wurde.
Weiter siehet man an gedachten drey Ecken
Ein Pferde-
Hunde-
Wilden Schweins-Kopff,
denn in solcher Gestalt wurde von denen alten die Hecade praesentiret, und mit dem Pferdte Kopff auf die Geschwindigkeit des Mondes gezielet, die weil er mit höchster Eilfertigkeit seinen Lauff vollendet; Der Hunde Kopff bekräfftiget dasjenige, was wir uns kurzhin gedacht, warumb der Mond Proserpina genennet wurde, denn den Höllengott der Hund gewiedmet ist, welches der in denen Poëtischen Fabeln so hoch gerühmte [**fol. 31r**] Cerberus bestätiget; Der wilde Schweins Kopff aber reimet sich auch

sehr wohl auf den Mond, weil dieser eben soviel, als die Diana ist, und dieses Thier sich iederzeit in Wäldern aufhält.
Ferner zeiget sich auch

Drey Ziegenböcke,

zwischen welchen sich der Globus coelestis drehet, von dem bereits oben bey der Pussa Erwehnung geschehen: denn von denen alten Heyden, bevor denen Stand-[Perußen] an dem großen Fest Ozine, welches so viel heißt, als die Vollendung der Erndte der Lunae ein Bock mit gar sonderlichen Ceremonien geopffert wurde, davon in des gelehrten Erasmi Francisci Kunst- und Sitten-Spiegel, fol: 1011. zulesen. Warumb sie aber [**fol. 31v**] eben einen Bock zu solchen Opffer genommen, das erkläret Erasmus Stella Lib: 11, de Antiquitat. Porussia, weil nehmlich dieses Thier, wie bekandt, sehr geil und fruchtbarer Natur ist, Und mochte diesen nach ihr geheimes Abzielen auf die reiche Fruchtbarkeit dieser Göttin gerichtet seyn. Oben über diesen Ziegenböcken ist

Eine Kaze

Eine Eule und

Ein doppelt Gesichte

zu sehen. Die Kaze war eine Vorbildung der Luna: denn als die Götter, nach Ovidii Bericht, für das Typhons Grimm sich in Egypten nicht gar zu sicher hielten, und deßwegen flüchtig wurden, nahm einer diese der andere eine andere [**fol. 32r**] Gestalt eines Thieres an sich, daher die Diana sich in eine Kaze verwandelte und salvirete. Es wird aber auch dem Monden ein Nacht Vogel, oder Eule zugelegt, in dem dieses Thier des Nachts am schärffsten siehet, und die Augen mit Zu- und Abnehmung des Lichts, nach Arth und Zuwachses und Verkurzung des Monds gleichsam verändert; Das doppelte Gesicht aber stellet die Isidem und Nephehiam vor, als durch welche aller Dinge Gebährung und Untergang, so aus der Elementen Veränderung herrühret, angedeutet wurde.
Lezlich scheiden sich auf dem Postement unter dem Globo

Drey in einander geschlungene halbe Monden mit denen zwölff Signis des Thier Creyses,

[**fol. 32v**] welche der Mond bey seiner dreyfachen Veränderung alle Monathe durch zulauffen, und seine Würckung denen unterirdischen Geschöpffen mit zutheilen pfleget; Wobey aber auch noch über dieß zugleich

Etliche Hände und Köpffe mit ihren Lineamentis und Austheilungen

zusehen, damit sie vornehmlich auf die Nativitaet, Stellung und Wahrsagung das Absehen gerichtet; Denn die Egyptier hierauf sonderlich viel hielten, und der Influenz des Monds zu des Menschen künfftigen Fatis fast alles zuschreiben; In welchem Irrthumb auch die Seneser stecken, indem sie sich unterwinden, einem ieden aus seiner Geburths-Stunde den ganzen Lebens-Lauff vorher zusagen; Und giebet es [**fol. 33r**] nach Neuhoffs Anmerckung derer, die sich und dieser Kunst vor Meister ausgeben, in Sina überaus viel, die auch aus denen Lineamenten der Hände und aus der Physiognomia des Menschen, zukünfftige Dinge als ganz gewiß zu vor verkündigen wollen. /

Nun folget, daß wir auch von des Primo Viziers unter andern offerirten Praesente, nehmlich

Von denen Hieroglyphischen Händen

etwas handeln, deren eine des Attidis, die andere des Cecropii mag genennet werden;
Was nun

Des Attidis Hand

anlanget, so ist dieselbe nach der Zeichnung und Vorschrifft derojenigen Ehernen Hand gemachet, [**fol. 33v**] welche der gelehrte Tarvinische Canonicus, Laurentius Pignorius in seinem Laeinischen Berichte, von dem Fest der großen Götter Mutter Cybele und dem Attide, aus dem Dionisio Villerio, einem Canonico zu Tornac, allwo sie auch nechst dabey ist ausgegraben worden, als eine vortreffliche rare Antiquitaet mit sonderlichen Umbständen beschreibet, und zugleich anführet, daß weil ehedem der Phrygier wie Makrobius Lib: V. gedencket, die Sonne, unter deren Nahmen des Attidis rechte Hand ist, auf einem langen Schafft in der Procession sey vorgetragen worden; Es ist aber ihre eigentliche Beschaffenheit und Gestalt also: Der Daumen, Zeiger [**fol. 34r**] und Mittel Finger, sind aufgerecket, der Gold- und Kleine Finger hingegen eingezogen; Oben auf denen beyden Zeiger- und Mittelfinger siehet man zwey starcke Vögel-Krallen, oder Füße: Auf der Spitze des Daumens stehet ein Tann Zapffen, und unten umbgiebet das Gelencke der Hand ein scheckigter und gekrönter Drache oder Schlange; Der Daumen, Zeiger, und Mittelfinger stellen fast die Arth vor, wie unsere Priester das Volck zu segnen pflegen, und dieses vielleicht darumb, weil der Teuffel schon damahls die Ceremonien derer christlichen Priester nachzuäffen sich bemühet; die beyden große Vogel Krallen, woran in der Original Antiquitaet der obere Theil, oder Cörper [**fol. 34v**] abgebrochen, hält unser Autor vor Adlers Füße, und wird damit außer Zweiffel der Jupiter angedeutet, der den Agtistin oder Acdestin gezeuget, aus deßen Blute unverhofft ein Granat-Apffel gewachsen, daraus nachgehends die Cybele den Attidem soll empfangen und gebohren haben; mit dem Tannzapfen auf des Daumens Spize wird gezielet auf die Cast[r]ierung des Attidis, welche, wie Ovidius Lib: X. Met: saget, unter einem solchen Baum geschehen, dahero auch die Tanne, wie Arnobius berichtet zum Gedächtnis des Attidis, bey der Cybele Tempel gebraucht wurde. Der Drache, oder Schlange, welcher das Gelencke der Hand umgiebt, ist eines [**fol. 35r**] von denen vornehmsten Symbolis der Sonnen, deßen sich vorher die Sabatier, nach Macrobii Versicherung bey ihrem Gottesdienst bedienten, und selbiges sehr hoch hielten; daß aber deßelben Haupt unten am Daumen stehet, scheinet darumb geschehen zu seyn, weil der Daume im Lateinischen seinen Nahmen à pollendo /:vermögend seyn:/ hat, und er an der lincken Hand das seinige eben so wohl thut, als an der rechten, und fast die ganze Hand, dadurch aber die große Krafft, Macht und sorgfältige Arbeit der Sonnen, wie Prudentius redet, bedeutet wird. Sonst wird man auch über dieß noch allerhand seltsam Characteres unterschiedlicher Thiere und andere Dinge, sowohl inn// **[fol. 35v]** alß außerhalb der Hand gewahr, welche wir, so viel möglich, aus der Antiquitaet perlustriren wollen.

Auf der auswendigen Seiten siehet man:

Ein paar Pfeiffen,

aller nächst am Drachen-Haupte; Nechst dem eine Cymbel, oder Triangel; dann ein Meßer und eine Cytter, endlich gegen der Seite am kleinen Finger ein Schwerdt, unten aber, über dem Drachen-Leibe ein männlich Glied, und neben ihme eine Figur zweyer runder Schaalen.

Die Pfeiffen, deren eine klar, die andere grob zu klingen scheinet, wie Apulejus vorgiebt, wurden bei der Cybele Gottes-Dienst gebraucht, weil Marsyas, der sie erfunden, dieser Göttin sehr **[fol. 36r]** guter Freund gewesen; die Cymbel oder Trinangul deutet Martialis auf das klägliche Winseln, damit der Attis bey der Cybele Gottesdienst, eben wie der Ostiris und Actonis, beklaget wurde; Das Meßer, welches unser Autor mit Columella lieber vor einen Winzer-[Kuriff/Kuniff] halten will, bedeutet das Instrument, womit der Attis sich selber soll castrieret haben; Von der darneben sich zeigenden Cytter, ist wohl nicht nöthig, viel Worthe zu machen, nur so viel dienet zur Nachricht, daß auch Apollo sich deren bedienet; Nun siehet man endlich zur Seiten, am kleinen Finger ein Schwerdt, wofür es Pignorius ausgiebt, dergleichen die Galli /: so vielleicht Priester bey der Cybele Gottestdienst ge// **[fol. 36v]** wesen:/ wie Apullejus Lib: VIII. und Lucretius Lib: II. in denen Gedanken stehen, alß ein Zeichen eines hefftigen Grimmes, damit denen bösen Menschen in Nahmen der Göttin ein Schrecken einzuiagen, vorzutragen pflegten; das das unter sich zeigende männliche Glied deutet ohnstreitig auf die Castrierung des Attidis, da ihm die Cybele aus allzuhefftigen Eyffer das Zeugungsglied abgeschnitten; Die darneben stehende Figur hat unser Autor selber mit Stillschweigen übergangen, und weder ihre rechte Gestalt, noch Bedeutung gemeldet; Dahero auch wir, weil wir weder in alten, noch in neues Scribenten, etwas davon finden können, solches verschweigen.

Auf der innwendigen Seite oder in der flachen Hand wird man gewahr: aus des Daumens Ballen eine Peitsche,

darüber stehet eine Schnecke, oder Schildkröte; Weiter oben gegen den Zeiger und Mittel Finger Zwey Hüthe; unterwärts ein zunehmender Mond; Und dann zur Seite gegen den kleinen Finger ein Stock; und endlich eine Zange.

Die Peitsche ziehlet auf der Sonnen sehr weißliches Regiment am Himmel; Die gleich drüber kriechende Schnecke wird billig alß ein Symbolum des heiligen Stillschweigens betrachtet, indem die Geheimnüße der Götter sehr verschwiegen müßen gehalten werden; Dahero melden Servius und Julius Pomponius Sabinus: Daß es vor ein **[fol. 37v]** groß Verbrechen ausgelegt worden, wenn einer bey der Cybele Götzendienst aus der Schule schwazte; Über der Schnecke stehen zwey Hüthe, die faßt denen Müzen gleich sehen, welche die Castores und Dioscures zutragen pflegten, und sind deßwegen bey der Cybele Götzendienst gebraucht worden, weil der Samo-Thracier Götter, und die Cureten, Corybanten und andere derer Castorum Nachbarn dergleichen getragen; Wohin aber das Creuz auf denen Hüthen gedeutet, kan man so genau nicht wißen; der unter diesen Hüthen stehende Mond soll des Attidis nachdenkliche Kleidung vorstellen, welche auf etlichen alten Münzen sich also praesentiret, daß deßen Brust// **[fol. 37v]** bild unten mit einem zunehmenden halben Monden umbgeben, zusehen ist; Mit dem Stock wird die Gewalt der Sonnen, die alles mit ihrer durchdringenden Macht ergieret, angemercket; die Zange endlich, ziehlet ohne Zweiffel auf den Vulcanum, der, weil er nach Ciceronis Meynung Lib: III. De Nat: Deor: im Himmel jung worden, mit der Cybele in gar genauer Verwandtschafft zu stehen scheinet.

Die andere Hieroglyphische Hand, welche der Primo Vizir praesentiret, wollen wir nennen

Des Cecropü Hand,

diese ist nach derjenigen ehernen Hand verferttiget, welche in der **[fol. 38r]** alten Capelle des heiligen Gregorii zu Rom ausgegraben, und in der mit vielen raren Kostbarkeiten angefüllten Schaz Cammer des Durchlt. Fürsten Francisci Barberini verwahrlich beygelegt, und von dem berühmten Aemonischen Praelaten Jac: Philippo Thomasino in einem absonderlichen Tractat aus dem Cassiano à Puteo, einem vortrefflichen Antiquario zu Rom, beschrieben worden. So viel aber aus denen daran befindlichen unterschiedlichen Figuren abzunehmen ist, hat es das Ansehen, daß hierunter ein sonderlich Gelübde vorgestellet werde, welches auch die beygefügte Inscription: Cecropius voti Compos votum solvit; sonnenklar andeutet, deren Ver// **[fol. 39r]** stand ohngefähr dieser seyn mag:

Es hat Cecropius, nachdem sein Wundsch gestillet
Auch das, was Er gelobt aus danckbaren Sinn erfüllet.

Ob nun dieser Cecropius von dem uhralten Könige derer Athenienser dem Cecropio, oder von einem sonderlichen Geschlechte zu Athen, so die Cecropier geheißen, deren Vorfahren Könige gleiches Nahmens gewesen, hergestammet, wollen wir so genau nicht untersuchen, sondern nur mit wenigen voraus durchgehen, was ihm zu dieser Gelübde Anlaß gegeben? Wem Er das Gelübde gebracht? Und was nachmahls mit denen unterschiedenen Characteribus, sowohl außer- als innerhalb der Hand **[fol. 39v]** gemeinet sey?

Es zeugte nehmlich dieser Cecropius einen Sohn, der aber mit steter Unbäßlichkeit beladen war: In solchen unglücklichen Zustande nun rief Er den Ammonem und Aesculapium umb Gesundheit an, und damit dieser sein Sohn, als die einige Säule seines ganzen Geschlechtes, beym Leben bleiben möchte, befahl Er nicht allein denselben der Isidi, sonderlich, als der Göttin der Gesundheit, sondern stattete auch hierbey so wohl der Cybele alß Jovi Ammoni und Aesculapio ein theures Gelübde mit sonderlicher Andacht ab, und daß war nun eben diese Hand; Die eigentlich Beschaffenheit und Gestalt aber derselben ist accurat wie des **[fol. 40r]** Attidis, hat auch faßt gleiches Absehen mit jener; doch was die seltsamen Figuren unterschiedlicher Dinge und derer Thiere, vor Natur, Sitten und Eigenschafften, so wohl der Götter, als Menschen andeuten, wollen wir nunmehr auch so viel als möglich, kürzlich erläutern. Es ist aber anfangs an unserer Hand zu sehen:

Auf der auswendigen Seite, gegen den Daumen, Ein Ast von einer Tanne; drübernauff Ein Crocodill zwischen den Daumen und Zeigefinger; Unter gemeldten Ast steht eine Wage; Ferner oben auf dem Zeige Finger eine Schlange; darunter, neben dem Crocodill ein Cornu Copia; Gegen den Mittel Finger oben ein Frosch, und unter diesem ein geflügelter [fol. 40v] Stab Mercurii; weiter zwischen die beyden ein gebogenen Gold- und Kleinen Finger ein gekrönter Drache; daneben eine Schnecke; unterwärts gegen dem Gelencke eine Peitsche, darneben eine doppelte Pfeiffe, und endlich ein unförmlicher Spieß oder Stock. Der Ast auf dem Daumen ist von einer Tanne, wie wohl von dem damahligen Künstler der ehernen Hand sehr unkäntlich exprimirt, deßen Deutung aber ist vielleicht diese: Daß solcher sonderlich der Cybele, ihres Attidis halber geheiliget gewesen, dahin auch der oben auf dem Daumen stehende Tannenzapfen ziehlet; Welcher nebst der Cybele, auch der Lucina oder Insidi vor eine glückliche Niederkunfft geopffert wurde, **[fol. 41r]** es wäre denn, daß damit solle angemercket werden, daß das Kind, wie dieser gerade Ast, wohl aufwachsen möge; Das Crocodill, scheinet des Kindes Wachßthumb in der Weißheit und Verschwiegenheit, darauf weise Leuthe sonderlich viel halten, anzuzeigen: denn von dem Crocodill lieset man, daß es die Zunge nicht brauchen könne, weil sie sehr klein seyn soll. Die unter dem Ast stehende Wage will entweder so viel weisen, daß die Genesung des Kindes im Monath September geschehen, da die Sonne im Thier Creyß in die Wage tritt, und Tag und Nacht gleich machet; oder, nach Italy Meynung, alß ein sonderliches Bild, die Geschicklichkeit und Mäßigkeit des Kindes, ja, nach etlicher Gut// **[fol. 41v]** achten, auch die herrlichen Siege vorbedeuten. Mit der Schlange auf dem Zeige Finger, hat sollen angedeutet werden, daß das Kind ganz mit neuen Kräfften werde begabet werden, wie etwa die Schlange, wenn sie den alten Balg ableget, sich gleichsam wieder verjüngert; Das Cornu Copia führet sein Abziehlen aus den künfftigen Wohlstande des Kindes, und daß damit demselben alle Glückseligkeit, Reichthumb und Überfluß, sonderlich aber aller glückliche Ausgang in Kriegen angewündschet wurde: Der Frosch auf dem Mittel Finger soll die Beßerung des krancken Kindes anmercken, und daß es nun faßt außer Gefahr sey: Denn es ist der Frosch im Bild eines Menschen **[fol. 42r]** der wegen großer Kranckheit sich bisher weder regen noch bewegen können, nun aber wieder gehen lernen; Allermaßen dieses Thier, wenn es generiert orden, die Füße nicht brauchen kan, bis bey zunehmenden Alter er nur auf denen Hinterfüßen zugehen anfänget; Der geflügelte Stab Mercurii mit denen zwey Schlangen giebt zu verstehen, daß die Eltern nebst der Klugheit und Verschlagenheit hiermit dem Knaben die Gabe der Wohl[re]denheit erbitten wollen, welche die Astrologi dem Mercurio zueignen. Waß den gekrönten Drachen anlangt, ist wohl zuglauben, daß der Vater, weil das scharffe Gesichte dieses Thieres ein [geruhiges] und sehr kluges Regiment angedeu// **[fol. 42v]** tet, eben dergleichen sich von seinem Sohne in Zukunft eingebildet habe. Die Schnecke am kleinen Finger ziehlet darauf, daß, nachdem die Eltern dieses Gelübde gebracht, sich es allmählig mit dem Knaben zur Beßerung angelaßen, doch so, daß er sich noch, wie eine Schnecke eine zeitlang inne halten müßen: denn es ist dieses Thier stumm, kriecht ganz sachte, und verläßet nie ihr Häußgen, welches alles mit dem wieder genesenden Knaben übereinkommt; Bey der Peitsche wird nicht ungereimt seyn, wenn man dafür halten wolte, daß des Kindes Mutter im Anfange ihres Ehestandes zu Abwendung der Unfruchtbarkeit, in der Juno Tempel des Lupercalischen Priesters Peitsche, so **[fol. 43r]** aus Widder Fellen gemacht war, nach damahligen Gebrauch, auch empfunden habe. Die doppelte Pfeiffe, will wohl alhier nichts anders sagen, alß überhaupt die Krafft und den Nachdruck des Gebeths der Eltern vor ihr Kind, wie man sich denn dergleichen, nach Livii Bericht, Lib. XXIX. bey den Opffern wegen der Gesundheit bedienet. Was endlich der unter der Schnecke zur Seite der Hand befindliche Spieß, oder Stock bedeute, will solchen unser Autor vor einen mit Laub oder Epheu bekleideten Pfahl halten; Wie sonst Bachus zuführen pfleget; Darüber diese Observation nicht ungeschickt: daß der Epheu vor ein Symbolum der Frölichkeit, wenn er aber bey des Mer// **[fol. 43v]** curii Stabe anzutreffen, vor ein Zeichen des Friedens und der Tugend sey gehalten worden, daher zu vermuthen, daß die Eltern hiermit auf das löbliche und friedsame Regiment des Kindes geziehlet.

Auf der innern Seite oder in der flachen Hand wird man gewahr: Beym Gelencke, ein Knäblein nebst einer Matron in einem Bettgen; gleich darüber stehet ein Hammel oder Widderkopff auf einem Dreyfuß; zur Seite gegen den kleinen Finger ein Krüglein, ingleichen ein Gefäß, so einer Warzen gleich, und eine Einschenck Kanne.

Das erste in der flachen Hand ist ein Knäblein, welches auf einen halbrunden Bettgen sanfft lie// [**fol. 44r**] get, und von der Mutter, die mit einem langken Rock, oder Weiber-Mantel bedecket ist, umbfaßet wird; Es deutet aber das lange Kleid dieser Matronen die Keuschheit und zugleich die übrige Vorstellung das ganze Gelübde an, welches der großen Götter-Mutter wegen der Wohlfarth und Gesundheit ihres Kindes von dieser Matrone ist abgeleget worden; Mit dem Hammel- oder Widder Kopffe, wird auf die Zeit gesehen, wenn sich des Kindes Kranckheit angefangen: denn das Haupt zeiget an den Anfang des Jahres, oder die Zeit, da Tag und Nacht einander gleich sind, woraus so viel abzunehmen, daß die Beschwerung des Kindes sich in Frühling ereignet; Die drey dabey [**fol. 44v**] an der Seite stehende Gefäße, hält unser Autor von keiner sonderlichen Bedeutung, sondern gedencket nur dieses; daß dergleichen bey der Isidis Gottesdienst gebräuchlich gewesen, welches auch Apulejus bestätiget: daß der Krug, so den Osiridi geheilet, das Waßer angedeutet, als den König ieder fließenden Materia, das nechst dabey befindliche Gefäßgen ist rund, wie eine Warzen an einer Brust, aus welchen die Kinder die Milch zusaugen pflegen; Und das dritte sieht wie eine Einschenck-Kanne, welches Rosinus lieber vor ein Rauch Faß halten will. Ob nun mit diesen, auf die Ernährung des Kindes, oder sonst, auf was angesehen worden, können wir nicht [**fol. 45r**] errathen, sondern überlaßen es der klugen Welt zu weitern Nachsinnen.

Endlich müßen wir auch etwas weniges von den Nababs eines großen Herrn über 12/m. Pferdte seinem sonderbaren Geschencke handeln, welches ist

Ein sauberes Horn,

so auf Veranlaßung des alten Gebrauchs derer Thracier und Egyptier verferttiget worden:

denn von selbigen Völckern meldet Arnoldus Montanus in seiner denckwürdigen Gesandtschafft der Ost Indianischen Gesellschafft nach Japan fol.: 241. daß sie, wenn sie unter sich solenne und genaue Bindnüße schlüßen wollen, zur Bekräfftigung ihrer gegen// [**fol. 45v**] einander geschwornen Treue und Aufrichtigkeit, aus großen Ochßen Hörnern einander in Wein eines zuzutrincken gewohnet gewesen, dergleichen mode auch bey den alten Engelländern vor dem üblich war, wie unter anderen Olaus Wormius Lib: 1. Festor: Danior: berichtet, und in seinen Antiquitatibus Danicis eines sonderlichen künstlichen Horns gedencket, welches unter der Regierung Christiani IV. Königs in Dänemarck ao: 1639. d. 20. July von einem Mägdlein aus der Ripenischen Herrschafft uf freyem Wege nach Megeltundern [Møgeltønder in Gallehus im Süden Jütlands – d. Verf.] gefunden, und in der dänischen Kunst Cammer beybehalten worden. Es ist aber unser erwehntes Horn, also gestaltet: [**fol. 46r**] daß sich forn am Mundstück deßelben unterwärts ein junges, und hinten an der weiten Öffnung oberhalb ein altes verdrüßliches Bachus Gesichte oder Kopff, mit Weinrebenblättern umbgeben, praesentirt; Weiter siehet man auf demselben eine Aglaster und ein Tieger Fell; Das Horn aber an sich selber ist mit Epheu umbwunden.

Das junge Bachus Gesichte oder Kopff am Mundstücke will andeuten, daß der Wein, wenn er in seiner geziemenden Maaße und bescheidentlich getruncken wird, den Menschen frölich und wohlgemuth mache, auch zugleich desselben Gesundheit befördere; dahero es auch vielleicht mag kommen seyn, daß Bachus beym [**fol. 46v**] Seneca LIBER und LIBER PATER genennet wird, weiln er des Menschen Herz und Gemüth von allen Kummer befreyet, und daßelbe munter und frölich machet; Der alte verdrüßliche Kopff hingegen giebt zuverstehen, daß der übermäßige Gebrauch des Weins das Alter ziemlich beschleunige: denn in dem die Krafft deßelben sehr hizig, trocknet sie die sonst natürliche Feuchtigkeit dergestalt aus, daß sie offt vor der Zeit, bey noch jungen Jahren, dem Menschen eine alte, unangenehme und verdrüßliche Masque, oder Larve anhänget. Die Aglaster ist alß ein Zeichen und Symbolum der Waschhafftigkeit dem Bacho zugeeignet: denn der Wein die vorhin faßt gebundene Zunge [**fol. 47r**] offt dermaßen zulösen pfleget, daß auch der stilleste Mensch und unberedteste Mund schwazhafftig, und das, was vormahls im Grunde des Herzens verdeckt gelegen, offenbar gemachet wird. Mit dem Tieger Felle wird gezielet auf die Eigenschafft des Weins, daß derselbe, wenn er unmäßig gesoffen wird, die Menschen nach Art diesesThiers, ganz rasend mache. Den Epheu lezlich anlangend, womit das ganze Horn umbwunden ist, wird solcher gleichmaßig dem Bach gewidmet, entweder, weil, wie der Epheu stets grünet, der Wein mäßiglich getruncken, die Gesundheit in stetem Flor erhält; oder weil der Wein, nach des Eustathy Meynung die Menschen gewaltig [**fol. 47v**] zur Geilheit anreizen soll: denn bey den Griechen der Wein »XIBBOS« genennet wird, wovon sie das Wörtlein XIBBAU deriviren, welches so viel bedeutet, alß mit geiler Begierde und Brust etwas verlangen, dahero man auch im Sprüchwort zusagen pfleget: Sine Cerere et Bacho friget Venus; Ohne Wein und Brodt leidet Venus Noth.

Dieß wäre also der Entwurff der Magnificenz des Großen Moguls und der Solennitaeten bey Überreichung derer Geschencke an seinen jährl. Geburthst-Tage kürzlich, doch verständlich vorgetragen; darinnen zwar nicht allemahl nach der eigentlichen Natur eines ieden Dinges verfahren, iedoch alles sehr künstlich und inventiös vorgestellet worden, weil auch in andern Sachen die Natur offtmahls der Kunst weichet, und jener durch diese aufgeholffen wird.«

Impressum

Herausgegeben von den
Staatlichen Kunstsammlungen Dresden
Dirk Syndram

Fotografien: Jörg Schöner

Herstellung: Peter Grassinger

Lithografie: Fotolito Zanotto/Brisotto

Druck: Printer Trento

Die Deutsche Nationalbibliothek verzeichnet diese Publikation in der Deutschen Nationalbibliografie; detaillierte bibliografische Daten sind im Internet über »http://www.dnb.de« abrufbar.

ISBN 978-3-7774-2110-0

www.hirmerverlag.de

Die Publikation wurde gefördert durch

Rosemarie von Lentzke-Pauls
Pauls-Eisenbeiss-Stiftung, Basel

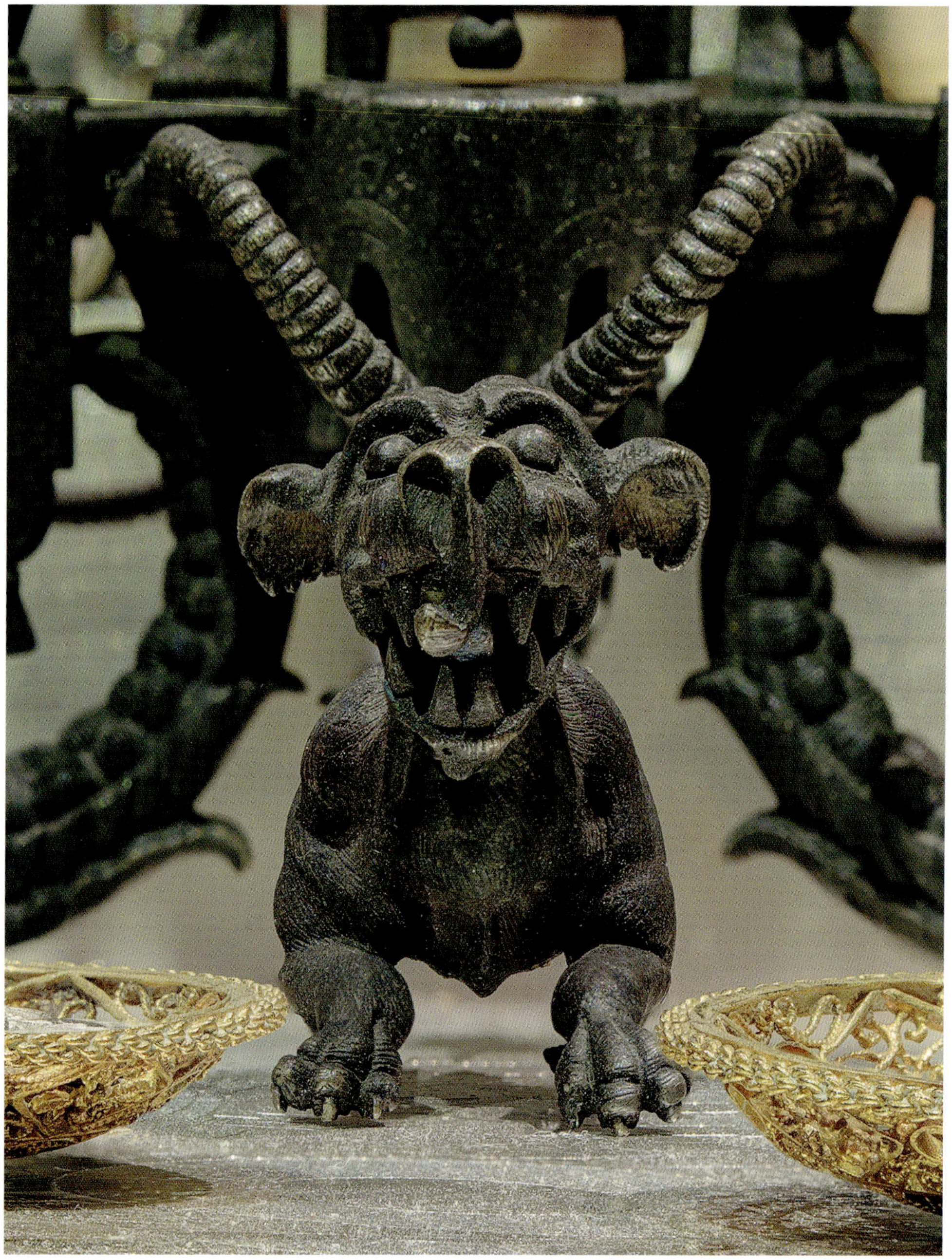